LEZIONE SIMULATA e UDA

PER IL CONCORSO SCUOLA

FORMAZIONEPERMANENTE

Lezione simulata e UDA. Per il concorso scuola
Prima edizione 2024

ISBN 979-8-32239-888-2

INDICE

Introduzione — p. 11

Parte I: La lezione simulata — p. 15
1. Cos'è una lezione simulata — p. 17
1.1 Definizione e scopo — p. 17
1.2 Caratteristiche di una lezione simulata efficace — p. 19
2. Pianificazione della lezione simulata — p. 21
2.1 Scelta dell'argomento e degli obiettivi di apprendimento — p. 21
2.2 Analisi del contesto e dei destinatari — p. 25
2.3 Selezione delle strategie didattiche — p. 29
2.4 Scelta dei materiali e delle risorse — p. 34
3. Struttura di una lezione simulata — p. 37
3.1 Introduzione e motivazione — p. 37
3.2 Presentazione dei contenuti — p. 41
3.3 Attività di consolidamento e applicazione — p. 45
3.4 Valutazione formativa — p. 49

3.5 Conclusione e sintesi — p. 53
4. Tecniche di insegnamento efficaci — p. 57
4.1 Lezione frontale interattiva — p. 57
4.2 Cooperative learning — p. 63
4.3 Problem-based learning — p. 69
4.4 Flipped classroom — p. 75
5. Gestione del tempo e dell'interazione in classe — p. 81
5.1 Suddivisione del tempo — p. 81
5.2 Coinvolgimento degli studenti — p. 86
5.3 Gestione di domande e interventi — p. 91
6. Valutazione della lezione simulata — p. 97
6.1 Autovalutazione — p. 97
6.2 Feedback dei colleghi e dei supervisori — p. 104
6.3 Strategie di miglioramento continuo — p. 109

Parte II: L'unità didattica di apprendimento (UDA) — p. 115
1. Cos'è un'UDA — p. 117
1.1 Definizione e caratteristiche — p. 117
1.2 Vantaggi dell'utilizzo delle UDA — p. 119
1.3 Differenza tra Lezione simulata e UDA — p. 121
2. Progettazione di un'UDA — p. 125
2.1 Identificazione dei traguardi di competenza — p. 125

2.2 Definizione dei risultati di apprendimento attesi p. 130
2.3 Selezione dei contenuti e delle attività p. 141
2.4 Scelta delle metodologie e degli strumenti di valutazione p. 141
3. Struttura di un'UDA p. 147
3.1 Titolo e descrizione p. 147
3.2 Competenze chiave e disciplinari p. 154
3.3 Obiettivi specifici di apprendimento p. 161
3.4 Fasi di lavoro e tempistiche p. 166
3.5 Risorse e materiali necessari p. 172
3.6 Criteri e strumenti di valutazione p. 178

Parte III: Esempi di UDA per diverse discipline p. 185
1. UDA per l'area linguistico-espressiva p. 187
2. UDA per l'area matematico-scientifica p. 195
3. UDA per l'area storico-sociale p. 203
4. UDA per l'area artistico-espressiva p. 211

Nota Bene p. 219

Introduzione

Questa guida nasce con l'obiettivo di fornire una guida pratica e completa per la progettazione e la realizzazione di Unità di Apprendimento (UDA) efficaci, con un focus particolare sulla preparazione della lezione simulata per il concorso docenti.

L'insegnamento è una professione complessa che richiede non solo una solida conoscenza dei contenuti disciplinari, ma anche competenze didattiche, relazionali e organizzative. In questo contesto, la progettazione di UDA rappresenta un passaggio cruciale per tradurre i traguardi di competenza previsti dai curricoli in percorsi di apprendimento significativi e coinvolgenti per gli studenti.

Questa guida si propone di accompagnare i docenti in tutte le fasi della progettazione di un'UDA, dalla definizione degli obiettivi alla valutazione degli apprendimenti, passando per la scelta delle metodologie, dei materiali e delle attività. Particolare attenzione è dedicata alla preparazione della lezione simulata, una prova che mette alla prova la capacità del docente di pianificare e gestire un intervento didattico efficace in un tempo limitato.

La guida è strutturata in tre parti principali:

La prima parte fornisce un inquadramento teorico sulla lezione simulata, definendone le caratteristiche, le finalità e i criteri di valutazione. Vengono inoltre presentate le fasi di pianificazione della lezione simulata, dalla scelta dell'argomento alla selezione delle strategie didattiche.

La seconda parte è dedicata all'UDA, di cui vengono illustrate le caratteristiche, i vantaggi e le differenze rispetto alla lezione simulata. Vengono poi descritte nel dettaglio le fasi di progettazione di un'UDA, dalla definizione dei traguardi di competenza alla scelta dei criteri e degli strumenti di valutazione.

La terza parte presenta una serie di esempi di UDA per diverse aree disciplinari (linguistico-espressiva, matematico-scientifica, storico-sociale, artistico-espressiva), fornendo spunti e modelli operativi per la progettazione didattica.

La guida si conclude con una nota bene che richiama l'attenzione su alcuni aspetti specifici della preparazione della lezione simulata per il concorso docenti, come la durata, la scelta dell'argomento e l'impostazione dell'UDA.

Ci auguriamo che questo testo possa essere uno strumento utile e stimolante per tutti i docenti che desiderano migliorare le proprie competenze di progettazione didattica e affrontare con successo la sfida della lezione simulata. Buona lettura e buon lavoro!

Parte I

La lezione simulata

1. Cos'è una lezione simulata

1.1 Definizione e scopo.

Una lezione simulata è una situazione didattica in cui un docente, di fronte a una commissione o a un gruppo di colleghi, presenta una lezione come se si trovasse in una classe reale. Lo scopo principale di una lezione simulata è quello di valutare le competenze didattiche e comunicative del docente, nonché la sua capacità di pianificare e gestire efficacemente una lezione.

Durante una lezione simulata, il docente deve dimostrare di saper:

- Presentare i contenuti in modo chiaro e strutturato;

- Utilizzare metodologie didattiche appropriate;

- Coinvolgere e motivare gli studenti;

- Gestire il tempo a disposizione;

- Adattarsi al contesto e alle esigenze della classe.

La lezione simulata rappresenta un momento cruciale durante i concorsi per l'insegnamento, in quanto permette alla commissione di valutare le competenze del candidato in una situazione che simula il contesto reale di insegnamento.

1.2 Caratteristiche di una lezione simulata efficace.

Una lezione simulata efficace deve possedere alcune caratteristiche fondamentali:

a) **Chiarezza degli obiettivi:** il docente deve esplicitare gli obiettivi di apprendimento che intende raggiungere durante la lezione, in modo che siano chiari e comprensibili per la commissione e per gli "studenti" coinvolti nella simulazione.

b) **Struttura logica:** la lezione deve seguire una struttura logica e coerente, con un'introduzione, uno sviluppo dei contenuti e una conclusione. Le diverse fasi devono essere ben collegate tra loro e favorire il raggiungimento degli obiettivi di apprendimento.

c) **Interattività:** il docente deve cercare di coinvolgere attivamente gli "studenti" nella lezione, stimolando la loro partecipazione attraverso domande, discussioni e attività pratiche. L'interattività favorisce l'interesse e la motivazione degli studenti.

d) Uso di metodologie didattiche appropriate: il docente deve dimostrare di saper utilizzare metodologie didattiche adeguate al contesto, all'età e alle esigenze degli studenti. Le metodologie scelte devono favorire l'apprendimento attivo e il raggiungimento degli obiettivi della lezione.

e) Gestione efficace del tempo: il docente deve saper gestire in modo efficace il tempo a disposizione, dedicando il giusto spazio a ciascuna fase della lezione e rispettando i tempi stabiliti per la simulazione.

f) Capacità comunicative: il docente deve dimostrare buone capacità comunicative, esponendo i contenuti in modo chiaro, utilizzando un linguaggio appropriato e adattando il proprio stile comunicativo alle esigenze degli "studenti".

Una lezione simulata che presenta queste caratteristiche ha maggiori probabilità di essere valutata positivamente dalla commissione e di dimostrare l'efficacia dell'approccio didattico del docente.

2. Pianificazione della lezione simulata

2.1 Scelta dell'argomento e degli obiettivi di apprendimento.

Nella pianificazione di una lezione simulata, la scelta dell'argomento e la definizione degli obiettivi di apprendimento sono due aspetti fondamentali. L'argomento deve essere rilevante, significativo e adeguato al contesto della simulazione, tenendo conto del livello scolastico, dell'indirizzo di studi e delle caratteristiche degli studenti.

Per scegliere l'argomento, il docente può considerare diversi fattori:

a) Curricolo e programma: l'argomento deve essere coerente con il curricolo e il programma previsti per la classe e la disciplina di insegnamento. È importante verificare che l'argomento sia appropriato per il livello scolastico e che rientri nelle indicazioni ministeriali.

b) Interesse e motivazione degli studenti: l'argomento dovrebbe suscitare l'interesse e la curiosità degli studenti, in modo da favorire la loro partecipazione attiva alla lezione. Si possono scegliere temi attuali, connessi alla realtà quotidiana o che rispondano alle esigenze e alle domande degli studenti.

c) Prerequisiti e conoscenze pregresse: il docente deve considerare le conoscenze e le competenze che gli studenti dovrebbero già possedere per affrontare efficacemente l'argomento della lezione. È importante costruire la lezione in modo da richiamare e consolidare i prerequisiti necessari.

d) Tempo a disposizione: la scelta dell'argomento deve tenere conto del tempo a disposizione per la lezione simulata. È fondamentale selezionare un tema che possa essere affrontato in modo esaustivo nel tempo stabilito, evitando di proporre argomenti troppo ampi o complessi.

Una volta scelto l'argomento, il docente deve definire gli obiettivi di apprendimento, ovvero ciò che gli studenti dovranno conoscere, comprendere e saper fare al termine della lezione.

Gli obiettivi devono essere:

a) Specifici: gli obiettivi devono essere formulati in modo chiaro e preciso, indicando esattamente ciò che gli studenti dovranno apprendere o le competenze che dovranno acquisire.

b) Misurabili: gli obiettivi devono essere formulati in modo da poter essere valutati e misurati, utilizzando criteri oggettivi e verificabili.

c) Raggiungibili: gli obiettivi devono essere realistici e raggiungibili nel tempo a disposizione e con le risorse disponibili. È importante evitare di proporre obiettivi troppo ambiziosi o complessi.

d) Rilevanti: gli obiettivi devono essere significativi e coerenti con il curricolo, contribuendo allo sviluppo delle competenze chiave e disciplinari previste.

e) Temporalmente definiti: gli obiettivi devono essere collegati a un preciso momento della lezione, indicando ciò che gli studenti dovranno raggiungere al termine di ogni fase.

Nella formulazione degli obiettivi, il docente può utilizzare la tassonomia di Bloom, che classifica gli obiettivi in base a diversi livelli di complessità cognitiva (conoscenza, comprensione, applicazione, analisi, sintesi, valutazione).

La scelta dell'argomento e la definizione degli obiettivi di apprendimento sono due aspetti cruciali nella pianificazione di una lezione simulata. Il docente deve selezionare un tema rilevante, motivante e adeguato al contesto, definendo obiettivi chiari, misurabili e raggiungibili, che contribuiscano allo sviluppo delle competenze degli studenti.

2.2 Analisi del contesto e dei destinatari.

L'analisi del contesto e dei destinatari è un passaggio fondamentale nella pianificazione di una lezione simulata. Il docente deve considerare attentamente le caratteristiche dell'ambiente di apprendimento e le specificità del gruppo di studenti a cui si rivolge, in modo da adattare la propria proposta didattica alle esigenze e alle potenzialità dei destinatari.

Per quanto riguarda il contesto, il docente deve prendere in considerazione:

a) Tipologia di scuola e indirizzo di studi: è importante conoscere la tipologia di scuola (ad esempio, liceo, istituto tecnico o professionale) e l'indirizzo di studi specifico. Questo permette di contestualizzare la lezione e di scegliere argomenti e attività coerenti con il percorso formativo degli studenti.

b) Risorse e strumenti disponibili: il docente deve valutare le risorse e gli strumenti a disposizione, come le tecnologie didattiche, i laboratori, i materiali di consumo e gli spazi a disposizione. Questa analisi permette di pianificare attività realizzabili e di sfruttare al meglio le potenzialità offerte dall'ambiente di apprendimento.

c) Tempo a disposizione: il docente deve considerare il tempo effettivamente a disposizione per la lezione, tenendo conto degli eventuali vincoli organizzativi e delle esigenze di coordinamento con altre attività didattiche.

Per quanto riguarda i destinatari, il docente deve raccogliere informazioni su:

a) Età e livello scolastico: è fondamentale conoscere l'età degli studenti e il loro livello scolastico, in modo da proporre contenuti e attività adeguati alle loro capacità cognitive e alle loro competenze.

b) Prerequisiti e conoscenze pregresse: il docente deve verificare quali sono i prerequisiti e le conoscenze che gli studenti dovrebbero già possedere in relazione all'argomento della lezione. Questa analisi permette di calibrare il livello di approfondimento e di prevedere eventuali attività di recupero o consolidamento.

c) Stili di apprendimento e intelligenze multiple: il docente deve considerare i diversi stili di apprendimento presenti nel gruppo classe (visivo, uditivo, cinestetico) e le intelligenze multiple (linguistica, logico-matematica, spaziale, musicale, corporeo-cinestetica, interpersonale, intrapersonale). Questa consapevolezza permette di differenziare le attività e di proporre stimoli che rispondano alle diverse modalità di apprendimento degli studenti.

d) Dinamiche relazionali e clima di classe: il docente deve analizzare le dinamiche relazionali presenti nel gruppo classe, individuando eventuali situazioni di conflitto, di leadership o di marginalità. Questa analisi permette di prevedere attività che favoriscano un clima positivo e collaborativo, promuovendo l'inclusione e la partecipazione di tutti gli studenti.

e) Bisogni educativi speciali: il docente deve verificare la presenza di studenti con bisogni educativi speciali (BES), come studenti con disabilità, con disturbi specifici dell'apprendimento o con svantaggio socio-economico, linguistico o culturale. Questa analisi permette di pianificare strategie didattiche inclusive e di prevedere eventuali adattamenti o semplificazioni dei materiali e delle attività.

L'analisi del contesto e dei destinatari permette al docente di raccogliere informazioni preziose per contestualizzare la propria proposta didattica e per rispondere in modo efficace alle esigenze e alle potenzialità del gruppo classe. Questa analisi preliminare favorisce la personalizzazione dell'intervento educativo e contribuisce a creare le condizioni per un apprendimento significativo e duraturo.

2.3 Selezione delle strategie didattiche.

Nella pianificazione di una lezione simulata, la selezione delle strategie didattiche riveste un ruolo cruciale. Le strategie didattiche rappresentano le modalità e le tecniche che il docente utilizza per favorire l'apprendimento attivo degli studenti e per raggiungere gli obiettivi di apprendimento previsti.

Per selezionare le strategie didattiche più efficaci, il docente deve considerare diversi fattori:

a) Obiettivi di apprendimento: le strategie didattiche devono essere coerenti con gli obiettivi di apprendimento della lezione. Il docente deve scegliere metodologie che permettano di raggiungere i risultati attesi, favorendo l'acquisizione di conoscenze, lo sviluppo di competenze e la maturazione di atteggiamenti e valori.

b) Caratteristiche dei destinatari: le strategie didattiche devono essere adeguate alle caratteristiche degli studenti, tenendo conto della loro età, del livello scolastico, degli stili di apprendimento e delle intelligenze multiple presenti nel gruppo classe. Il docente deve proporre attività che siano accessibili, stimolanti e coinvolgenti per tutti gli studenti.

c) Contenuti disciplinari: le strategie didattiche devono essere appropriate rispetto ai contenuti disciplinari della lezione. Il docente deve scegliere metodologie che permettano di affrontare i contenuti in modo approfondito, organico e significativo, favorendo la comprensione e l'applicazione delle conoscenze acquisite.

d) Tempo a disposizione: le strategie didattiche devono essere calibrate rispetto al tempo effettivamente a disposizione per la lezione. Il docente deve prevedere un'alternanza equilibrata di attività, evitando di proporre metodologie troppo dispendiose in termini di tempo o che richiedano tempi di realizzazione troppo lunghi.

e) Risorse e strumenti disponibili: le strategie didattiche devono essere compatibili con le risorse e gli strumenti a disposizione. Il docente deve valorizzare le potenzialità offerte dalle tecnologie didattiche, dai laboratori e dai materiali di consumo, integrando questi strumenti in modo funzionale allo svolgimento delle attività.

Alcune strategie didattiche che il docente può utilizzare nella lezione simulata sono:

a) Lezione partecipata: il docente coinvolge attivamente gli studenti nella costruzione delle conoscenze, alternando momenti di spiegazione frontale a momenti di dialogo, di confronto e di elaborazione collettiva dei contenuti.

b) Lavoro di gruppo: il docente propone attività da svolgere in piccoli gruppi, favorendo la collaborazione, lo scambio di idee e la valorizzazione delle competenze di ciascuno studente.

c) Discussione guidata: il docente stimola la riflessione e il confronto tra gli studenti su un tema specifico, ponendo domande mirate, fornendo spunti di discussione e moderando gli interventi.

d) Problem solving: il docente propone situazioni problematiche concrete, chiedendo agli studenti di individuare strategie risolutive creative e divergenti, applicando le conoscenze acquisite.

e) Didattica laboratoriale: il docente propone attività pratiche e sperimentali, in cui gli studenti possono manipolare materiali, realizzare prodotti e verificare ipotesi, sviluppando competenze operative e metodologiche.

f) Flipped classroom: il docente fornisce materiali di studio e di approfondimento da fruire a casa, dedicando il tempo della lezione ad attività di elaborazione, di applicazione e di confronto tra pari.

g) Cooperative learning: il docente propone attività strutturate in cui gli studenti lavorano in piccoli gruppi, con ruoli e compiti definiti, per raggiungere obiettivi comuni e sviluppare competenze sociali e relazionali.

La selezione delle strategie didattiche è un passaggio chiave nella pianificazione di una lezione simulata. Il docente deve scegliere metodologie coerenti con gli obiettivi di apprendimento, adeguate alle caratteristiche dei destinatari e compatibili con le risorse a disposizione, alternando momenti di lavoro individuale, di gruppo e collettivo. L'utilizzo di strategie didattiche diversificate permette di rispondere ai diversi stili di apprendimento degli studenti e di favorire l'acquisizione di conoscenze e competenze durature e significative.

2.4 Scelta dei materiali e delle risorse.

Nella pianificazione di una lezione simulata, la scelta dei materiali e delle risorse riveste un ruolo importante per supportare l'apprendimento degli studenti e per rendere l'attività didattica più efficace e coinvolgente. I materiali e le risorse devono essere selezionati in modo coerente con gli obiettivi di apprendimento, con i contenuti disciplinari e con le strategie didattiche adottate.

Per scegliere i materiali e le risorse più adeguati, il docente deve considerare diversi fattori:

a) **Tipologia di materiali:** il docente deve selezionare materiali diversificati, che possano rispondere ai diversi stili di apprendimento degli studenti. Può utilizzare testi scritti (libri, articoli, dispense), materiali audiovisivi (video, documentari, podcast), risorse multimediali (presentazioni, animazioni, simulazioni), materiali manipolativi (modelli, campioni, strumenti) e risorse digitali (app, software, piattaforme e-learning).

b) Autenticità e rilevanza: i materiali devono essere autentici, ovvero devono presentare situazioni e problemi reali, connessi con l'esperienza quotidiana degli studenti. Devono inoltre essere rilevanti rispetto agli obiettivi di apprendimento, offrendo informazioni e stimoli utili per l'acquisizione delle conoscenze e lo sviluppo delle competenze previste.

c) Complessità e accessibilità: i materiali devono essere calibrati rispetto al livello di complessità adeguato alle caratteristiche degli studenti. Il docente deve scegliere risorse che siano accessibili dal punto di vista linguistico e concettuale, evitando materiali troppo semplici o troppo complessi rispetto alle capacità degli studenti.

d) Attrattività e motivazione: i materiali devono essere attrattivi e stimolanti, in grado di catturare l'attenzione e l'interesse degli studenti. Il docente può utilizzare risorse che presentino una veste grafica accattivante, che propongano sfide cognitive o che facciano leva sulla curiosità e sulla creatività degli studenti.

e) Flessibilità e adattabilità: i materiali devono essere flessibili e adattabili alle diverse esigenze degli studenti e alle diverse situazioni di apprendimento. Il docente deve prevedere la possibilità di utilizzare i materiali in modo differenziato, proponendo attività di approfondimento per gli studenti più avanzati e attività di recupero per quelli in difficoltà.

f) Disponibilità e accessibilità: i materiali devono essere facilmente reperibili e accessibili, sia per il docente che per gli studenti. Il docente deve verificare la disponibilità delle risorse nella scuola o nelle biblioteche del territorio, oppure deve fornire indicazioni precise per il loro reperimento online o in altri contesti extrascolastici.

3. Struttura di una lezione simulata

3.1 Introduzione e motivazione.

L'introduzione e la motivazione rappresentano la fase iniziale di una lezione simulata, durante la quale il docente presenta l'argomento, suscita l'interesse degli studenti e li predispone all'apprendimento. Questa fase è cruciale per creare un clima positivo e coinvolgente, per attivare le preconoscenze degli studenti e per definire il "patto formativo" che guiderà l'intero processo di apprendimento.

Per strutturare efficacemente l'introduzione e la motivazione, il docente può seguire alcuni passaggi chiave:

a) **Presentazione dell'argomento:** il docente esplicita in modo chiaro e sintetico l'argomento della lezione, fornendo un quadro generale dei contenuti che saranno affrontati. Può utilizzare una mappa concettuale, uno schema o un'immagine evocativa per rappresentare visivamente i nuclei tematici principali.

b) Aggancio alle preconoscenze: il docente richiama le conoscenze e le esperienze pregresse degli studenti, stimolando la loro partecipazione attiva attraverso domande mirate. Può fare riferimento a lezioni precedenti, a contesti di vita quotidiana o ad altri ambiti disciplinari, favorendo la costruzione di collegamenti e l'integrazione delle nuove conoscenze con quelle già possedute.

c) Problematizzazione e sfida cognitiva: il docente presenta una situazione problematica, un caso concreto o una domanda stimolo che possa suscitare la curiosità e l'interesse degli studenti. La problematizzazione crea una tensione cognitiva positiva, spingendo gli studenti a formulare ipotesi, a porsi interrogativi e a desiderare di approfondire l'argomento.

d) Esplicitazione degli obiettivi di apprendimento: il docente condivide con gli studenti gli obiettivi specifici della lezione, esplicitando ciò che dovranno conoscere, comprendere e saper fare al termine dell'attività. Questo passaggio è importante per orientare l'attenzione degli studenti, per dare senso alle attività proposte e per favorire l'automonitoraggio e l'autovalutazione.

e) Anticipazione delle attività: il docente presenta brevemente le attività che saranno svolte durante la lezione, fornendo un quadro generale della struttura e delle modalità di lavoro. Può anticipare le fasi principali, gli strumenti che saranno utilizzati e i prodotti che saranno realizzati, creando aspettative positive e favorendo la predisposizione all'apprendimento.

f) Valorizzazione della motivazione intrinseca: il docente mette in luce il valore e l'utilità delle conoscenze e delle competenze che saranno sviluppate durante la lezione, collegandole agli interessi, alle aspirazioni e ai progetti futuri degli studenti. Può fare riferimento alle applicazioni concrete delle conoscenze, alle ricadute professionali o alle implicazioni sociali e culturali dell'argomento trattato.

g) Creazione di un clima positivo: il docente cura la dimensione relazionale e affettiva dell'apprendimento, creando un clima di fiducia, di rispetto e di collaborazione. Può utilizzare tecniche di ice-breaking, di rinforzo positivo e di gratificazione, valorizzando i contributi di ciascuno studente e promuovendo l'ascolto attivo e l'interazione costruttiva.

L'introduzione e la motivazione rappresentano un momento chiave della lezione simulata, durante il quale il docente "aggancia" gli studenti, attiva le loro preconoscenze e li predispone all'apprendimento. Attraverso la problematizzazione, l'esplicitazione degli obiettivi e l'anticipazione delle attività, il docente crea aspettative positive e favorisce la motivazione intrinseca degli studenti. Curando la dimensione relazionale e affettiva, il docente crea le condizioni per un apprendimento significativo e partecipato, che valorizzi il contributo di ciascuno studente e promuova lo sviluppo di conoscenze e competenze durature.

3.2 Presentazione dei contenuti.

La presentazione dei contenuti è la fase centrale di una lezione simulata, durante la quale il docente espone in modo strutturato e organico i nuclei tematici previsti, favorendo l'acquisizione di conoscenze e la comprensione profonda da parte degli studenti. In questa fase, il docente deve selezionare e organizzare i contenuti in modo logico e coerente, utilizzando strategie didattiche efficaci e diversificate.

Per presentare efficacemente i contenuti, il docente può seguire alcuni accorgimenti:

a) Organizzazione logica e sequenziale: il docente struttura i contenuti in modo logico e sequenziale, partendo dai concetti più semplici e generali per arrivare a quelli più complessi e specifici. Può utilizzare schemi, mappe o diagrammi per rappresentare visivamente le relazioni tra i diversi elementi e per favorire la comprensione globale dell'argomento.

b) Selezione dei contenuti essenziali: il docente seleziona i contenuti essenziali e fondanti, evitando di disperdere l'attenzione degli studenti con informazioni secondarie o ridondanti. Si focalizza sui concetti chiave, sulle idee principali e sulle competenze irrinunciabili, in coerenza con gli obiettivi di apprendimento previsti.

c) Chiarezza espositiva e linguaggio appropriato: il docente presenta i contenuti in modo chiaro e comprensibile, utilizzando un linguaggio appropriato al livello degli studenti e al contesto disciplinare. Evita l'uso di termini eccessivamente tecnici o specialistici, o li spiega in modo esplicito, fornendo esempi concreti e riferimenti alla realtà quotidiana degli studenti.

d) Utilizzo di mediatori didattici: il docente utilizza mediatori didattici diversificati per facilitare la comprensione e l'elaborazione dei contenuti. Può utilizzare immagini, video, grafici, oggetti concreti o modelli per rappresentare visivamente i concetti astratti, per stimolare l'intuizione e per favorire la memorizzazione.

e) Esemplificazioni e applicazioni pratiche: il docente propone esempi concreti e applicazioni pratiche dei contenuti presentati, mostrandone la rilevanza e l'utilità nella vita reale. Può fare riferimento a situazioni problematiche, a casi di studio o a esperienze significative, favorendo il collegamento tra teoria e pratica.

f) Coinvolgimento attivo degli studenti: il docente favorisce il coinvolgimento attivo degli studenti durante la presentazione dei contenuti, stimolando la loro partecipazione attraverso domande, riflessioni o brevi attività. Può utilizzare tecniche di brainstorming, di problem solving o di discussione guidata per favorire l'elaborazione personale e la co-costruzione delle conoscenze.

g) Monitoraggio della comprensione: il docente monitora costantemente la comprensione degli studenti, utilizzando tecniche di valutazione formativa. Può porre domande mirate, proporre brevi esercizi o chiedere di riformulare i concetti con parole proprie, in modo da verificare l'effettiva acquisizione dei contenuti e da intervenire tempestivamente in caso di difficoltà.

h) Gradualità e personalizzazione: il docente presenta i contenuti in modo graduale e personalizzato, tenendo conto dei diversi stili di apprendimento e dei livelli di preparazione degli studenti. Può prevedere momenti di approfondimento per gli studenti più avanzati e momenti di recupero per quelli in difficoltà, utilizzando materiali e attività differenziate.

La presentazione dei contenuti è una fase cruciale della lezione simulata, durante la quale il docente espone in modo strutturato e organico i nuclei tematici previsti, favorendo l'acquisizione di conoscenze e la comprensione profonda da parte degli studenti. Attraverso l'organizzazione logica e sequenziale, la selezione dei contenuti essenziali, la chiarezza espositiva e l'utilizzo di mediatori didattici diversificati, il docente facilita l'elaborazione e la memorizzazione delle informazioni. Il coinvolgimento attivo degli studenti, il monitoraggio della comprensione e la personalizzazione dell'intervento didattico permettono di rispondere alle diverse esigenze degli studenti e di favorire un apprendimento significativo e duraturo.

3.3 Attività di consolidamento e applicazione.

Le attività di consolidamento e applicazione rappresentano una fase fondamentale della lezione simulata, durante la quale gli studenti hanno l'opportunità di rielaborare, approfondire e mettere in pratica le conoscenze e le competenze acquisite durante la presentazione dei contenuti. In questa fase, il docente propone esercizi, problemi o compiti autentici che richiedono l'utilizzo delle nuove conoscenze in contesti diversificati e la loro applicazione a situazioni concrete.

Per strutturare efficacemente le attività di consolidamento e applicazione, il docente può seguire alcuni principi:

a) Coerenza con gli obiettivi di apprendimento: le attività proposte devono essere coerenti con gli obiettivi di apprendimento della lezione e devono permettere agli studenti di esercitare e rafforzare le conoscenze e le competenze previste. Il docente deve selezionare attività che siano sfidanti ma alla portata degli studenti, in modo da favorire il senso di efficacia e la motivazione all'apprendimento.

b) Varietà e differenziazione: il docente propone attività diversificate, che rispondano ai diversi stili di apprendimento e ai diversi livelli di preparazione degli studenti. Può alternare esercizi di tipo riproduttivo, che richiedono l'applicazione diretta delle conoscenze, ad attività di tipo produttivo, che richiedono l'elaborazione personale e la creatività. Può prevedere attività individuali, di coppia o di gruppo, in modo da favorire l'interazione e la collaborazione tra pari.

c) Gradualità e progressione: le attività di consolidamento e applicazione devono seguire una logica di gradualità e di progressione, partendo da esercizi semplici per arrivare a compiti più complessi. Il docente può strutturare le attività in modo sequenziale, fornendo inizialmente un supporto e una guida più diretti, per poi lasciare progressivamente più autonomia e responsabilità agli studenti.

d) Contestualizzazione e autenticità: le attività proposte devono essere il più possibile contestualizzate e autentiche, ovvero devono fare riferimento a situazioni reali e significative per gli studenti. Il docente può proporre problemi o casi di studio tratti dalla vita quotidiana, dall'attualità o dal mondo professionale, in modo da favorire il transfer delle conoscenze e da mostrane l'utilità e la rilevanza.

e) Feedback e valutazione formativa: durante le attività di consolidamento e applicazione, il docente fornisce feedback costanti e tempestivi agli studenti, in modo da orientare il loro apprendimento e da favorire l'autocorrezione. Può utilizzare tecniche di valutazione formativa, come l'osservazione sistematica, la revisione tra pari o l'autovalutazione, per monitorare i progressi degli studenti e per intervenire in caso di difficoltà.

f) Metacognizione e autoregolazione: il docente stimola la riflessione metacognitiva degli studenti, chiedendo loro di esplicitare i processi mentali attivati durante lo svolgimento delle attività e di valutare l'efficacia delle strategie utilizzate. Può proporre domande guida o griglie di autoanalisi per favorire l'automonitoraggio e l'autoregolazione dell'apprendimento.

g) Valorizzazione e condivisione: al termine delle attività di consolidamento e applicazione, il docente valorizza i prodotti e i risultati degli studenti, prevedendo momenti di condivisione e di confronto. Può organizzare presentazioni, mostre o dibattiti per permettere agli studenti di socializzare le loro elaborazioni e di apprendere dai propri pari.

Le attività di consolidamento e applicazione rappresentano un momento chiave della lezione simulata, durante il quale gli studenti hanno l'opportunità di rielaborare, approfondire e mettere in pratica le conoscenze e le competenze acquisite. Attraverso la proposta di attività diversificate, contestualizzate e progressive, il docente favorisce l'elaborazione personale e il transfer delle conoscenze, stimolando la riflessione metacognitiva e l'autoregolazione dell'apprendimento. Il feedback costante, la valorizzazione dei prodotti e la condivisione tra pari permettono di creare un clima di apprendimento positivo e collaborativo, che favorisce la motivazione e il coinvolgimento attivo degli studenti.

3.4 Valutazione formativa.

La valutazione formativa è un elemento fondamentale della lezione simulata, che accompagna tutto il processo di apprendimento e permette al docente di monitorare i progressi degli studenti, di individuare le loro difficoltà e di adattare l'intervento didattico in modo tempestivo ed efficace. A differenza della valutazione sommativa, che si concentra sul prodotto finale dell'apprendimento, la valutazione formativa si focalizza sul processo, fornendo feedback continui e costruttivi agli studenti.

Per integrare efficacemente la valutazione formativa nella lezione simulata, il docente può seguire alcuni accorgimenti:

a) **Definizione di criteri e obiettivi chiari:** il docente esplicita in modo chiaro e trasparente i criteri di valutazione e gli obiettivi di apprendimento, condividendoli con gli studenti fin dall'inizio della lezione. In questo modo, gli studenti hanno una visione precisa di ciò che ci si aspetta da loro e possono orientare il loro impegno in modo mirato.

b) Utilizzo di strumenti diversificati: il docente utilizza strumenti di valutazione formativa diversificati, che permettono di raccogliere informazioni sugli apprendimenti degli studenti in modo sistematico e continuo. Può utilizzare griglie di osservazione, questionari, test oggettivi, prove pratiche o compiti autentici, scegliendo gli strumenti più adeguati in base agli obiettivi e alle caratteristiche della lezione.

c) Feedback frequenti e costruttivi: il docente fornisce feedback frequenti e costruttivi agli studenti, sia durante lo svolgimento delle attività che al termine delle stesse. I feedback devono essere specifici, tempestivi e orientati al miglioramento, evidenziando i punti di forza e le aree di miglioramento. Il docente può utilizzare forme di feedback orale, scritto o visivo, adattandole alle esigenze e alle preferenze degli studenti.

d) Coinvolgimento attivo degli studenti: il docente coinvolge attivamente gli studenti nel processo di valutazione formativa, stimolando la loro capacità di autovalutazione e di valutazione tra pari. Può proporre momenti di riflessione metacognitiva, in cui gli studenti sono invitati a riflettere sul proprio apprendimento e a identificare le strategie più efficaci. Può anche organizzare attività di peer assessment, in cui gli studenti si valutano reciprocamente, fornendosi feedback costruttivi.

e) Utilizzo dei risultati per la regolazione dell'insegnamento: il docente utilizza i risultati della valutazione formativa per regolare e adattare il proprio insegnamento in modo tempestivo. Se emerge che alcuni studenti hanno difficoltà su determinati aspetti, il docente può prevedere attività di recupero o di rinforzo mirate. Se invece gli studenti dimostrano di aver raggiunto gli obiettivi previsti, il docente può proporre attività di approfondimento o di ampliamento.

f) Valorizzazione dei progressi e delle competenze: il docente valorizza i progressi e le competenze degli studenti, evidenziando i loro punti di forza e i loro successi. Può utilizzare forme di gratificazione e di rinforzo positivo, come feedback di apprezzamento, premi o certificazioni delle competenze acquisite. In questo modo, si promuove la motivazione e l'autostima degli studenti, creando un clima di apprendimento positivo e gratificante.

g) Documentazione e comunicazione dei risultati: il docente documenta i risultati della valutazione formativa, utilizzando strumenti di registrazione e di sintesi, come griglie, diari di bordo o portfolio. Comunica i risultati agli studenti e alle famiglie in modo trasparente e sistematico, fornendo indicazioni chiare sui progressi compiuti e sulle aree di miglioramento. In questo modo, si favorisce la collaborazione e la condivisione delle responsabilità educative tra scuola e famiglia.

La valutazione formativa è un elemento chiave della lezione simulata, che permette di monitorare i progressi degli studenti e di adattare l'intervento didattico in modo tempestivo ed efficace. Attraverso l'utilizzo di strumenti diversificati, feedback frequenti e costruttivi, il coinvolgimento attivo degli studenti e la valorizzazione dei loro progressi, il docente crea le condizioni per un apprendimento consapevole e autoregolato. La documentazione e la comunicazione dei risultati permettono di creare un clima di trasparenza e di collaborazione tra scuola e famiglia, favorendo il successo formativo di tutti gli studenti.

3.5 Conclusione e sintesi.

La conclusione e la sintesi rappresentano la fase finale della lezione simulata, durante la quale il docente riprende i punti chiave affrontati, consolida gli apprendimenti e favorisce il transfer delle conoscenze e delle competenze acquisite. È un momento di riflessione metacognitiva, in cui gli studenti sono invitati a rielaborare i contenuti appresi, a individuare i collegamenti tra le diverse parti della lezione e a valutare il proprio percorso di apprendimento.

Per strutturare efficacemente la conclusione e la sintesi, il docente può seguire alcuni passaggi:

a) Riepilogo dei punti chiave: il docente riprende i concetti fondamentali e le idee principali affrontate durante la lezione, presentandoli in modo sintetico e organico. Può utilizzare schemi, mappe concettuali o grafici per visualizzare le relazioni tra i diversi elementi e per favorire la memorizzazione. In questo modo, si rafforza la comprensione globale dell'argomento e si facilita il consolidamento delle conoscenze.

b) Sintesi collaborativa: il docente coinvolge attivamente gli studenti nella costruzione della sintesi, stimolando la loro partecipazione attraverso domande guida o attività collaborative. Può chiedere agli studenti di identificare i concetti chiave, di formulare esempi o di proporre analogie e collegamenti con altre discipline o con la vita quotidiana. In questo modo, si favorisce l'elaborazione personale dei contenuti e si promuove l'apprendimento significativo.

c) Riflessione metacognitiva: il docente stimola la riflessione metacognitiva degli studenti, invitandoli a riflettere sul proprio processo di apprendimento e sulle strategie utilizzate. Può proporre domande guida, come "Cosa ho imparato di nuovo oggi?", "Quali sono stati i passaggi più importanti?", "Quali difficoltà ho incontrato e come le ho superate?". In questo modo, si promuove l'autoregolazione dell'apprendimento e si sviluppano competenze trasversali, come l'imparare a imparare.

d) Valutazione formativa: il docente propone attività di valutazione formativa, che permettono di verificare il raggiungimento degli obiettivi di apprendimento e di individuare eventuali lacune o difficoltà. Può utilizzare strumenti diversificati, come quiz, domande aperte, esercizi o compiti autentici, scegliendo quelli più adeguati in base alle caratteristiche della lezione e degli studenti. In questo modo, si ottengono informazioni preziose per regolare l'intervento didattico e per fornire feedback mirati.

e) Anticipazione dei passi successivi: il docente anticipa i passi successivi del percorso di apprendimento, fornendo indicazioni sulle prossime lezioni o sulle attività di approfondimento e di consolidamento. Può proporre letture, esercizi o progetti da svolgere a casa, in modo da favorire la continuità e la coerenza del percorso formativo. In questo modo, si stimola la curiosità e la motivazione degli studenti, creando aspettative positive per il futuro.

f) Valorizzazione degli apprendimenti: il docente valorizza gli apprendimenti degli studenti, evidenziando i progressi compiuti e le competenze acquisite. Può utilizzare forme di gratificazione e di rinforzo positivo, come feedback di apprezzamento, premi o certificazioni delle competenze. In questo modo, si promuove l'autostima e la fiducia in sé stessi degli studenti, creando un clima di apprendimento positivo e gratificante.

g) Apertura a domande e feedback: il docente lascia spazio a domande e feedback da parte degli studenti, in modo da chiarire eventuali dubbi, approfondire aspetti di interesse e raccogliere suggerimenti per il miglioramento della lezione. In questo modo, si favorisce la comunicazione e la collaborazione tra docente e studenti, creando un clima di fiducia e di rispetto reciproco.

La conclusione e la sintesi rappresentano un momento cruciale della lezione simulata, durante il quale si consolidano gli apprendimenti, si favorisce il transfer delle conoscenze e si stimola la riflessione metacognitiva. Attraverso il riepilogo dei punti chiave, la sintesi collaborativa, la valutazione formativa e l'anticipazione dei passi successivi, il docente crea le condizioni per un apprendimento significativo e duraturo. La valorizzazione degli apprendimenti e l'apertura a domande e feedback permettono di creare un clima di fiducia e di collaborazione, favorendo il successo formativo di tutti gli studenti.

4. Tecniche di insegnamento efficaci

4.1 Lezione frontale interattiva

La lezione frontale interattiva è una tecnica di insegnamento che combina elementi della lezione tradizionale con strategie di coinvolgimento attivo degli studenti. In questo approccio, il docente mantiene un ruolo centrale nella presentazione dei contenuti, ma favorisce l'interazione e la partecipazione degli studenti attraverso domande, discussioni e attività collaborative. L'obiettivo è superare la passività della lezione frontale classica e stimolare l'elaborazione attiva delle conoscenze da parte degli studenti.

Per realizzare una lezione frontale interattiva efficace, il docente può seguire alcuni accorgimenti:

a) Pianificazione delle interazioni: il docente pianifica in anticipo i momenti di interazione con gli studenti, identificando le domande chiave, le attività di riflessione e le occasioni di discussione. In questo modo, si evita di improvvisare e si garantisce una struttura logica e coerente alla lezione.

b) Uso di domande stimolo: il docente utilizza domande stimolo per attivare le preconoscenze degli studenti, verificare la comprensione e stimolare il ragionamento. Le domande possono essere aperte o chiuse, convergenti o divergenti, a seconda degli obiettivi di apprendimento. È importante fornire il tempo necessario per la riflessione e incoraggiare la partecipazione di tutti gli studenti.

c) Discussione guidata: il docente propone momenti di discussione guidata, in cui gli studenti sono invitati a esprimere le proprie opinioni, a confrontare le diverse prospettive e a costruire una comprensione condivisa dei concetti. Il docente agisce come facilitatore, ponendo domande stimolanti, moderando gli interventi e sintetizzando i punti chiave emersi.

d) Attività di elaborazione: il docente propone attività di elaborazione dei contenuti, come esercizi, problemi o casi di studio, che richiedono l'applicazione delle conoscenze acquisite. Queste attività possono essere svolte individualmente, a coppie o in piccoli gruppi, favorendo l'apprendimento collaborativo e la peer education.

e) Uso di supporti visivi: il docente utilizza supporti visivi, come slide, video, immagini o diagrammi, per facilitare la comprensione dei concetti astratti e per rendere più coinvolgente la presentazione dei contenuti. I supporti visivi devono essere chiari, essenziali e coerenti con gli obiettivi di apprendimento.

f) Feedback e rinforzo: il docente fornisce feedback costanti e tempestivi agli studenti, valorizzando i loro contributi e correggendo eventuali misconcezioni. Utilizza tecniche di rinforzo positivo, come l'elogio o il riconoscimento dei progressi, per incoraggiare la partecipazione attiva e la motivazione all'apprendimento.

g) Sintesi e consolidamento: il docente dedica momenti specifici alla sintesi dei concetti chiave e al consolidamento degli apprendimenti, attraverso schemi, mappe concettuali o attività di riepilogo. In questo modo, si favorisce la memorizzazione a lungo termine e si facilita il transfer delle conoscenze.

Esempio di lezione frontale interattiva:

Tema: **Le forme di governo**

Durata: **1 ora**

1. Introduzione (5 minuti):

- Presentazione dell'argomento e degli obiettivi di apprendimento.

- Attivazione delle preconoscenze degli studenti attraverso domande stimolo.

2. Presentazione dei contenuti (20 minuti):

- Definizione di forme di governo e criteri di classificazione.

- Descrizione delle principali forme di governo (monarchia, repubblica, dittatura).

- Uso di supporti visivi (slide con schemi e immagini esemplificative).

- Domande di verifica della comprensione e brevi discussioni guidate.

3. Attività di elaborazione (20 minuti):

- Analisi di casi di studio di diverse forme di governo.

- Lavoro a coppie o in piccoli gruppi per identificare vantaggi e svantaggi di ciascuna forma.

- Condivisione e discussione dei risultati in plenaria.

4. Sintesi e consolidamento (10 minuti):

- Riepilogo dei concetti chiave attraverso una mappa concettuale collaborativa.

- Domande di verifica dell'apprendimento e feedback agli studenti.

5. Conclusione (5 minuti):

- Sintesi finale e anticipazione dei prossimi argomenti.

- Assegnazione di attività di approfondimento o esercizi per casa.

La lezione frontale interattiva rappresenta un'evoluzione della lezione tradizionale, che mira a coinvolgere attivamente gli studenti nella costruzione delle conoscenze. Attraverso l'uso di domande stimolo, discussioni guidate, attività di elaborazione e supporti visivi, il docente favorisce l'interazione, la riflessione critica e l'apprendimento significativo. La pianificazione delle interazioni, il feedback costante e il consolidamento degli apprendimenti sono elementi chiave per realizzare una lezione frontale interattiva efficace.

4.2 Cooperative learning.

Il Cooperative Learning è una metodologia didattica basata sull'interazione e la collaborazione tra studenti, che lavorano insieme in piccoli gruppi per raggiungere obiettivi comuni di apprendimento. In questo approccio, gli studenti sono responsabili non solo del proprio apprendimento, ma anche di quello dei loro compagni, e sviluppano competenze sociali e relazionali insieme alle conoscenze disciplinari. Il docente agisce come facilitatore e organizzatore delle attività, creando le condizioni per un apprendimento attivo e collaborativo.

Per implementare efficacemente il Cooperative Learning, il docente può seguire alcuni principi:

a) **Interdipendenza positiva:** il docente struttura le attività in modo che il successo di ciascun membro del gruppo dipenda dal successo di tutti. Questo può essere realizzato attraverso obiettivi comuni, ricompense di gruppo, la suddivisione dei materiali o la definizione di ruoli complementari.

b) Responsabilità individuale: ogni studente è responsabile di contribuire al lavoro del gruppo e di dimostrare il proprio apprendimento. Il docente può prevedere forme di valutazione individuale, come test o interrogazioni, per assicurarsi che tutti gli studenti abbiano acquisito le conoscenze e le competenze previste.

c) Interazione promozionale faccia a faccia: gli studenti devono lavorare in modo interattivo, scambiandosi idee, spiegazioni e incoraggiamenti. Il docente predispone l'ambiente in modo da favorire l'interazione diretta tra i membri del gruppo, ad esempio attraverso una disposizione dei banchi che faciliti il contatto visivo e la comunicazione.

d) Abilità sociali: il docente insegna esplicitamente le abilità sociali necessarie per lavorare in gruppo, come l'ascolto attivo, la gestione dei conflitti, la presa di decisioni e la leadership. Dedica momenti specifici alla riflessione e alla valutazione del funzionamento del gruppo, fornendo feedback e suggerimenti per il miglioramento.

e) Valutazione di gruppo: il docente prevede momenti di valutazione del lavoro di gruppo, in cui gli studenti riflettono sul proprio processo di apprendimento, identificano i punti di forza e le aree di miglioramento, e definiscono strategie per ottimizzare la collaborazione futura.

Esempio di attività di Cooperative Learning:

Tema: **I generi letterari**

Durata: **2 ore**

1. Introduzione (10 minuti):

- Presentazione dell'argomento e degli obiettivi di apprendimento.
- Spiegazione delle regole e dei ruoli nel lavoro di gruppo.

2. Formazione dei gruppi (5 minuti):

- Suddivisione degli studenti in gruppi eterogenei di 4-5 persone.
- Assegnazione dei ruoli (coordinatore, segretario, ricercatore, portavoce).

3. Lavoro di gruppo (60 minuti):

- Assegnazione di un genere letterario a ciascun gruppo (narrativa, poesia, teatro, saggistica).

- Ricerca e analisi delle caratteristiche del genere assegnato utilizzando materiali forniti dal docente (libri, articoli, esempi).

- Preparazione di una presentazione sintetica del genere, con esempi e riferimenti specifici.

- Creazione di una mappa concettuale o di uno schema riassuntivo.

4. Presentazioni (30 minuti):

- Ogni gruppo presenta il proprio lavoro alla classe.

- Discussione e confronto tra i diversi generi letterari.

- Sintesi finale del docente e integrazione dei concetti chiave.

5. Valutazione (15 minuti):

- Autovalutazione individuale e di gruppo tramite una rubrica predisposta dal docente

- Feedback del docente sul lavoro di gruppo e sull'apprendimento degli studenti.

Il Cooperative Learning rappresenta una metodologia didattica efficace per favorire l'apprendimento attivo, l'interazione sociale e lo sviluppo di competenze trasversali. Attraverso l'interdipendenza positiva, la responsabilità individuale, l'interazione faccia a faccia, l'insegnamento delle abilità sociali e la valutazione di gruppo, il docente crea un ambiente di apprendimento collaborativo e inclusivo. La strutturazione dei gruppi, l'assegnazione di ruoli e la scelta di attività sfidanti e autentiche sono elementi chiave per realizzare un Cooperative Learning di successo.

4.3 Problem-based learning.

Il Problem-Based Learning (PBL) è una metodologia didattica che mette al centro del processo di apprendimento la risoluzione di problemi complessi e autentici. In questo approccio, gli studenti lavorano in piccoli gruppi per affrontare situazioni problematiche aperte, che non hanno una soluzione predefinita, e sviluppano autonomamente le conoscenze e le competenze necessarie per risolverle. Il docente agisce come facilitatore e guida, fornendo risorse e supporto, ma lasciando agli studenti la responsabilità di gestire il proprio apprendimento.

Per implementare efficacemente il Problem-Based Learning, il docente può seguire alcuni passaggi:

a) **Presentazione del problema:** il docente presenta agli studenti un problema complesso, autentico e sfidante, che richiede l'applicazione di conoscenze e competenze multidisciplinari. Il problema deve essere sufficientemente aperto da permettere molteplici interpretazioni e strategie risolutive.

b) Analisi del problema: gli studenti, in piccoli gruppi, analizzano il problema, identificando le informazioni rilevanti, le questioni da approfondire e le possibili piste di ricerca. In questa fase, attivano le proprie preconoscenze e formulano ipotesi e domande guida.

c) Ricerca e studio autonomo: gli studenti conducono una ricerca autonoma, utilizzando diverse fonti (libri, articoli, risorse online) per acquisire le conoscenze e le competenze necessarie per affrontare il problema. Il docente fornisce materiali e suggerimenti, ma lascia agli studenti la responsabilità di selezionare e valutare le informazioni.

d) Condivisione e sintesi: gli studenti si riuniscono in gruppo per condividere le informazioni raccolte, confrontare le diverse prospettive e costruire una comprensione condivisa del problema. Sintetizzano le conoscenze acquisite e identificano le possibili strategie risolutive.

e) Applicazione e risoluzione: gli studenti applicano le conoscenze e le competenze acquisite per elaborare una o più soluzioni al problema. Testano le loro ipotesi, valutano l'efficacia delle strategie adottate e riflettono sui risultati ottenuti.

f) Presentazione e discussione: i gruppi presentano le loro soluzioni al resto della classe, argomentando le scelte fatte e confrontandosi con le proposte degli altri gruppi. Il docente modera la discussione, stimolando il pensiero critico e la riflessione metacognitiva.

g) Valutazione e feedback: il docente valuta il processo di apprendimento e i risultati ottenuti, utilizzando rubriche e strumenti di valutazione formativa. Fornisce feedback costruttivi agli studenti, evidenziando i punti di forza e le aree di miglioramento, e li guida nella definizione di obiettivi di apprendimento futuri.

Esempio di attività di Problem-Based Learning:

Tema: **Inquinamento delle acque**

Durata: **4-6 ore**

1. Presentazione del problema (15 minuti):

- Il docente presenta un caso di studio di inquinamento di un fiume locale, con dati, immagini e testimonianze.

- Gli studenti pongono domande e identificano le questioni chiave da affrontare.

2. Analisi del problema (30 minuti):

- In gruppi di 4-5, gli studenti analizzano il caso, identificando le possibili cause, conseguenze e soluzioni.

- Formulano ipotesi e domande guida per orientare la ricerca.

3. Ricerca e studio autonomo (90 minuti):

- Gli studenti conducono una ricerca individuale, utilizzando libri, articoli scientifici, report e risorse online.

- Raccolgono dati, informazioni e esempi di buone pratiche per affrontare il problema dell'inquinamento.

4. Condivisione e sintesi (60 minuti):

- I gruppi si riuniscono per condividere le informazioni raccolte e costruire una comprensione condivisa del problema.

- Identificano le possibili strategie di intervento, valutandone i pro e i contro.

5. Applicazione e risoluzione (90 minuti):

- I gruppi elaborano una proposta di intervento per risolvere il problema dell'inquinamento del fiume.

- Definiscono un piano d'azione, con obiettivi, azioni concrete, risorse necessarie e indicatori di valutazione.

6. Presentazione e discussione (60 minuti):

- Ogni gruppo presenta la propria proposta di intervento al resto della classe.

- Discussione e confronto tra le diverse soluzioni, con feedback del docente e degli altri gruppi.

7. Valutazione e feedback (30 minuti):

- Il docente valuta il processo di apprendimento e i risultati ottenuti, utilizzando una rubrica predisposta.

- Fornisce feedback individuali e di gruppo, evidenziando i punti di forza e le aree di miglioramento.

Il Problem-Based Learning rappresenta una metodologia didattica efficace per sviluppare competenze di problem-solving, pensiero critico e collaborazione. Attraverso l'affrontare problemi complessi e autentici, gli studenti acquisiscono autonomamente le conoscenze e le abilità necessarie, lavorando in modo attivo e collaborativo. La scelta di problemi sfidanti, l'organizzazione del lavoro di gruppo, il supporto nella ricerca e la valutazione formativa sono elementi chiave per realizzare un PBL di successo.

4.4 Flipped classroom.

La Flipped Classroom, o classe capovolta, è un approccio didattico che inverte il tradizionale modello di insegnamento, spostando la fruizione dei contenuti teorici al di fuori dell'aula e dedicando il tempo in classe ad attività di approfondimento, applicazione e collaborazione. In questo modello, gli studenti studiano autonomamente i materiali forniti dal docente (video lezioni, letture, presentazioni) prima della lezione, mentre in aula si confrontano, lavorano su progetti e risolvono problemi, con il supporto del docente e dei compagni.

Per implementare efficacemente la Flipped Classroom, il docente può seguire alcuni accorgimenti:

a) Preparazione dei materiali: il docente predispone i materiali didattici per lo studio autonomo degli studenti, come video lezioni, presentazioni, letture o esercizi interattivi. I materiali devono essere chiari, ben strutturati e di durata adeguata (10-15 minuti per i video), per favorire l'engagement e l'apprendimento efficace.

b) Assegnazione e istruzioni: il docente assegna i materiali da studiare prima della lezione, fornendo istruzioni precise sugli obiettivi di apprendimento, i tempi di fruizione e le attività da svolgere. Può utilizzare piattaforme di e-learning o strumenti di comunicazione per monitorare l'accesso ai materiali e rispondere alle eventuali domande degli studenti.

c) Verifica della comprensione: prima della lezione in aula, il docente verifica la comprensione dei contenuti da parte degli studenti, attraverso brevi quiz online, domande aperte o forum di discussione. In questo modo, può identificare i punti di forza e di debolezza degli studenti e adattare le attività in classe di conseguenza.

d) Attività in aula: il tempo in classe è dedicato ad attività di approfondimento, applicazione e collaborazione, come discussioni, lavori di gruppo, progetti, problem-solving o peer tutoring. Il docente agisce come facilitatore e guida, fornendo feedback, chiarimenti e supporto individualizzato.

e) Differenziazione e personalizzazione: la Flipped Classroom permette di differenziare e personalizzare l'apprendimento, poiché gli studenti possono fruire dei materiali al proprio ritmo e il docente può dedicare più tempo in aula a supportare gli studenti in difficoltà o a proporre attività di approfondimento per gli studenti più avanzati.

f) Valutazione e feedback: il docente utilizza diverse strategie di valutazione, sia formative che sommative, per monitorare l'apprendimento degli studenti e fornire feedback costanti. Può utilizzare rubriche, portfolio, progetti o prove autentiche per valutare non solo le conoscenze acquisite, ma anche le competenze sviluppate.

Esempio di attività di Flipped Classroom:

Tema: **La rivoluzione industriale**

Durata: **2 lezioni di 60 minuti ciascuna**

Lezione 1 (a casa):

1. Studio autonomo (30-40 minuti):

- Gli studenti guardano una video lezione sulla rivoluzione industriale, prendendo appunti e annotando domande.

- Leggono un articolo di approfondimento sulle conseguenze sociali ed economiche della rivoluzione industriale.

- Svolgono un breve quiz online per verificare la comprensione dei concetti chiave.

Lezione 2 (in aula):

1. Discussione e chiarimenti (15 minuti):

- Il docente risponde alle domande degli studenti e chiarisce eventuali dubbi.

- Gli studenti condividono le loro riflessioni sull'articolo di approfondimento.

2. Lavoro di gruppo (30 minuti):

- In gruppi di 4-5, gli studenti analizzano un caso di studio sulle condizioni di lavoro nelle fabbriche durante la rivoluzione industriale.

- Identificano i problemi principali e propongono possibili soluzioni, utilizzando le conoscenze acquisite.

3. Presentazione e discussione (15 minuti):

- Ogni gruppo presenta le proprie analisi e proposte al resto della classe.

- Discussione guidata dal docente sulle diverse prospettive e sulle implicazioni attuali.

4. Valutazione e feedback (15 minuti):

- Il docente valuta il lavoro di gruppo utilizzando una rubrica predisposta.

- Fornisce feedback individuali e di gruppo, evidenziando i punti di forza e le aree di miglioramento.

La Flipped Classroom rappresenta un approccio didattico innovativo che mette al centro l'apprendimento attivo e collaborativo degli studenti. Attraverso lo studio autonomo dei materiali e le attività di approfondimento in aula, gli studenti sviluppano competenze di auto-direzione, pensiero critico e problem-solving. La preparazione di materiali efficaci, la verifica della comprensione, la differenziazione e la valutazione formativa sono elementi chiave per realizzare una Flipped Classroom di successo.

5. Gestione del tempo e dell'interazione in classe

5.1 Suddivisione del tempo.

La suddivisione efficace del tempo è un aspetto fondamentale per la gestione di una lezione simulata, in quanto permette di dedicare il giusto spazio a ciascuna fase dell'attività didattica e di mantenere un ritmo di lavoro adeguato. Una buona pianificazione temporale favorisce l'engagement degli studenti, la copertura di tutti i contenuti previsti e il raggiungimento degli obiettivi di apprendimento.

Per suddividere il tempo in modo efficace, il docente può seguire alcuni accorgimenti:

a) **Definizione degli obiettivi:** il docente definisce in modo chiaro e specifico gli obiettivi di apprendimento della lezione, in termini di conoscenze, abilità e competenze da sviluppare. Gli obiettivi guidano la selezione dei contenuti e delle attività, e permettono di prioritizzare l'allocazione del tempo.

b) Stima dei tempi: il docente stima il tempo necessario per ciascuna fase della lezione (introduzione, presentazione dei contenuti, attività di applicazione, discussione, sintesi), tenendo conto della complessità degli argomenti, delle caratteristiche degli studenti e delle metodologie didattiche utilizzate. È importante prevedere un certo margine di flessibilità per adattarsi alle esigenze emergenti.

c) Equilibrio tra le fasi: il docente cerca di trovare un equilibrio tra le diverse fasi della lezione, dedicando il tempo necessario a ciascuna di esse. In generale, è opportuno dedicare circa il 20% del tempo all'introduzione e alla conclusione, il 50% alla presentazione dei contenuti e alle attività di applicazione, e il 30% alle discussioni e alle sintesi.

d) Priorità ai concetti chiave: il docente dedica più tempo ai concetti chiave e alle competenze essenziali, rispetto a quelli secondari o di approfondimento. In caso di imprevisti o di ritardi, è importante assicurarsi di coprire i contenuti fondamentali, eventualmente riducendo il tempo dedicato ad attività meno prioritarie.

e) Alternanza di attività: il docente alterna diverse tipologie di attività (lezione frontale, lavoro di gruppo, discussione, esercitazioni) per mantenere alta l'attenzione e la motivazione degli studenti. In generale, è consigliabile non dedicare più di 20-30 minuti consecutivi alla stessa attività, per evitare cali di concentrazione.

f) Monitoraggio dei tempi: durante la lezione, il docente monitora costantemente il tempo, utilizzando un orologio o un timer, per assicurarsi di rispettare la pianificazione prevista. Se necessario, adatta il ritmo o la durata delle attività per recuperare eventuali ritardi o per approfondire aspetti di particolare interesse emersi durante la lezione.

g) Flessibilità e adattamento: il docente è flessibile e pronto ad adattare la suddivisione del tempo in base alle esigenze degli studenti e all'andamento della lezione. Se nota che gli studenti hanno bisogno di più tempo per assimilare un concetto o per svolgere un'attività, può decidere di dedicare più spazio a quella fase, riducendo il tempo per altre attività meno cruciali.

Esempio di suddivisione del tempo per una lezione simulata di 60 minuti:

1. Introduzione (5-10 minuti):

- Presentazione dell'argomento e degli obiettivi di apprendimento.

- Attivazione delle preconoscenze degli studenti.

2. Presentazione dei contenuti (20-25 minuti):

- Spiegazione dei concetti chiave con esempi e supporti visivi.

- Domande di verifica della comprensione.

- Brevi attività di applicazione.

3. Attività di gruppo (15-20 minuti):

- Lavoro di gruppo su un caso di studio o un problema da risolvere.

- Condivisione e discussione dei risultati.

4. Sintesi e conclusione (5-10 minuti):

- Riepilogo dei punti principali della lezione.
- Feedback degli studenti e valutazione formativa.
- Assegnazione di eventuali compiti per casa.

La suddivisione efficace del tempo è un elemento chiave per la gestione di una lezione simulata. Attraverso la definizione degli obiettivi, la stima dei tempi, l'equilibrio tra le fasi e l'alternanza di attività, il docente crea le condizioni per un apprendimento attivo e coinvolgente. Il monitoraggio costante dei tempi, la flessibilità e l'adattamento alle esigenze degli studenti permettono di ottimizzare l'uso del tempo e di raggiungere gli obiettivi di apprendimento previsti.

5.2 Coinvolgimento degli studenti.

Il coinvolgimento attivo degli studenti è un aspetto fondamentale per l'efficacia di una lezione simulata, in quanto favorisce la motivazione, l'attenzione e l'apprendimento significativo. Quando gli studenti sono coinvolti in prima persona nella costruzione delle conoscenze e nello svolgimento delle attività, sviluppano un senso di ownership e di responsabilità verso il proprio apprendimento, e sono più propensi a mettere in pratica le competenze acquisite.

Per coinvolgere attivamente gli studenti durante la lezione simulata, il docente può utilizzare diverse strategie:

a) **Partecipazione attiva:** il docente incoraggia la partecipazione attiva degli studenti, sollecitando il loro contributo attraverso domande, riflessioni o brevi attività. Evita di monopolizzare la lezione con una modalità puramente trasmissiva, ma cerca di creare un dialogo costante con la classe, valorizzando le idee e le esperienze degli studenti.

b) Varietà di stimoli: il docente utilizza una varietà di stimoli e di materiali didattici per catturare l'attenzione e l'interesse degli studenti. Alterna momenti di spiegazione frontale con attività pratiche, visive o interattive, come la visione di video, l'analisi di casi di studio, l'uso di simulazioni o di giochi didattici.

c) Lavoro di gruppo: il docente propone attività da svolgere in piccoli gruppi, favorendo la collaborazione, il confronto tra pari e la costruzione condivisa delle conoscenze. Il lavoro di gruppo permette agli studenti di mettere in pratica le competenze acquisite, di sviluppare abilità sociali e di imparare gli uni dagli altri.

d) Problem solving: il docente presenta situazioni problematiche autentiche e sfidanti, chiedendo agli studenti di trovare soluzioni creative e di applicare le conoscenze apprese. Il problem solving stimola il pensiero critico, la capacità di analisi e di sintesi, e favorisce il transfer delle competenze a contesti reali.

e) Discussione e dibattito: il docente promuove momenti di discussione e di dibattito, in cui gli studenti possono esprimere le proprie opinioni, confrontarsi con i compagni e sviluppare capacità argomentative. La discussione guidata permette di approfondire i temi trattati, di considerare diverse prospettive e di riflettere criticamente sui propri pregiudizi.

f) Feedback e rinforzo positivo: il docente fornisce feedback costanti e tempestivi agli studenti, riconoscendo i loro progressi e fornendo indicazioni per il miglioramento. Utilizza il rinforzo positivo per incoraggiare la partecipazione e la motivazione, lodando gli sforzi e i contributi degli studenti.

g) Personalizzazione e scelta: il docente cerca di personalizzare l'apprendimento, tenendo conto dei diversi stili cognitivi, interessi e livelli di preparazione degli studenti. Offre opportunità di scelta nelle attività e nei materiali, in modo che gli studenti possano seguire i propri percorsi di apprendimento e sentirsi più coinvolti nel processo.

Esempio di attività per il coinvolgimento degli studenti:

Tema: **Le forme di energia**

Durata: **30 minuti**

1. Brainstorming (5 minuti):

- Il docente chiede agli studenti di elencare tutte le forme di energia che conoscono.

- Gli studenti condividono le loro idee, mentre il docente le annota alla lavagna.

2. Lavoro di gruppo (15 minuti):

- Il docente divide la classe in gruppi di 4-5 studenti.

- Assegna a ciascun gruppo una forma di energia (es. cinetica, potenziale, termica, elettrica).

- I gruppi devono preparare una breve presentazione sulla loro forma di energia, con esempi pratici e un esperimento dimostrativo.

3. Presentazioni (10 minuti):

- Ogni gruppo presenta il proprio lavoro al resto della classe.

- Il docente guida la discussione, chiedendo agli studenti di identificare similitudini e differenze tra le diverse forme di energia.

4. Quiz interattivo (5 minuti):

- Il docente propone un breve quiz interattivo sulle forme di energia, utilizzando strumenti digitali come Kahoot o Mentimeter.

- Gli studenti rispondono alle domande in tempo reale, ottenendo un feedback immediato sulla loro comprensione.

Il coinvolgimento attivo degli studenti è una condizione essenziale per una lezione simulata efficace. Attraverso la partecipazione attiva, la varietà di stimoli, il lavoro di gruppo, il problem solving e la discussione, il docente crea un ambiente di apprendimento dinamico e interattivo, in cui gli studenti sono protagonisti del proprio percorso formativo. La personalizzazione, il feedback costante e il rinforzo positivo permettono di mantenere alta la motivazione e di valorizzare il contributo di ciascuno studente.

5.3 Gestione di domande e interventi.

La gestione efficace delle domande e degli interventi degli studenti è un aspetto cruciale per il successo di una lezione simulata, in quanto permette di mantenere vivo l'interesse, di chiarire dubbi e di approfondire i temi trattati. Le domande e gli interventi degli studenti rappresentano un'opportunità preziosa per il docente di valutare la comprensione, di adattare la spiegazione e di stimolare il pensiero critico.

Per gestire in modo efficace le domande e gli interventi degli studenti, il docente può adottare alcune strategie:

a) Incoraggiamento delle domande: il docente crea un clima di fiducia e di apertura in classe, incoraggiando gli studenti a fare domande e a esprimere le proprie opinioni. Sottolinea il valore delle domande per l'apprendimento e rassicura gli studenti sulla legittimità di chiedere chiarimenti o approfondimenti.

b) Ascolto attivo: il docente pratica l'ascolto attivo quando gli studenti intervengono, prestando attenzione non solo alle parole, ma anche al linguaggio non verbale e alle emozioni espresse. Mostra interesse per il contributo degli studenti, annuendo, mantenendo il contatto visivo e riformulando i punti chiave per assicurarsi di aver compreso.

c) Risposta chiara e pertinente: il docente fornisce risposte chiare e pertinenti alle domande degli studenti, utilizzando un linguaggio appropriato al loro livello di comprensione. Se necessario, ripete o riformula i concetti, fornisce esempi concreti o usa supporti visivi per facilitare la comprensione.

d) Coinvolgimento della classe: il docente coinvolge l'intera classe nella risposta alle domande, chiedendo ad altri studenti di contribuire con le loro idee o esperienze. In questo modo, valorizza il contributo di tutti gli studenti e favorisce l'apprendimento tra pari.

e) Gestione delle domande "difficili": se uno studente pone una domanda particolarmente complessa o che esula dall'argomento della lezione, il docente riconosce il valore della domanda e si impegna a fornire una risposta in un secondo momento, magari durante una pausa o dopo la lezione. In alternativa, può suggerire allo studente alcune risorse per approfondire autonomamente la questione.

f) Incoraggiamento del pensiero critico: il docente utilizza le domande degli studenti come spunto per stimolare il pensiero critico e la riflessione. Pone a sua volta domande di approfondimento, che incoraggiano gli studenti a considerare diverse prospettive, a fare collegamenti con altre discipline o a valutare le implicazioni delle loro affermazioni.

g) Gestione del tempo: il docente cerca di trovare un equilibrio tra il tempo dedicato alle risposte alle domande e il tempo dedicato alla presentazione dei contenuti. Se necessario, rimanda alcune domande a un momento successivo della lezione o fornisce risorse per l'approfondimento individuale, in modo da non compromettere il raggiungimento degli obiettivi di apprendimento.

Esempio di gestione di una domanda:

Studente: "Prof, non ho capito bene la differenza tra energia cinetica ed energia potenziale. Può spiegarmelo meglio?"

Docente: "Certo, è un'ottima domanda! L'energia cinetica è l'energia posseduta da un corpo in movimento, mentre l'energia potenziale è l'energia immagazzinata in un corpo a causa della sua posizione o della sua configurazione. Facciamo un esempio concreto: immaginate una mela appesa a un albero. Finché la mela è sull'albero, ha energia potenziale gravitazionale, perché ha la "potenzialità" di cadere. Quando la mela si stacca dall'albero e inizia a cadere, l'energia potenziale si trasforma gradualmente in energia cinetica, perché la mela è in movimento. Qualcun altro ha altri esempi di energie cinetica e potenziale nella vita quotidiana?"

In questo esempio, il docente:

- Riconosce il valore della domanda dello studente.

- Fornisce una spiegazione chiara e concreta della differenza tra le due forme di energia.

- Propone un esempio pratico per facilitare la comprensione.

- Coinvolge il resto della classe, chiedendo ulteriori esempi.

La gestione efficace delle domande e degli interventi degli studenti è una competenza fondamentale per il docente in una lezione simulata. Attraverso l'incoraggiamento delle domande, l'ascolto attivo, le risposte pertinenti e il coinvolgimento della classe, il docente crea un ambiente di apprendimento partecipativo e stimolante, in cui gli studenti si sentono valorizzati e motivati ad approfondire i temi trattati. La gestione del tempo e l'incoraggiamento del pensiero critico permettono di mantenere un equilibrio tra le esigenze di apprendimento e di riflessione, favorendo lo sviluppo di competenze trasversali e di alta qualità.

6. Valutazione della lezione simulata

6.1 Autovalutazione.

L'autovalutazione è un processo fondamentale per il miglioramento continuo della pratica didattica del docente, in quanto permette di riflettere criticamente sul proprio operato, di identificare i punti di forza e le aree di miglioramento, e di pianificare azioni di sviluppo professionale. Nella lezione simulata, l'autovalutazione assume un ruolo ancora più cruciale, poiché consente al docente di valutare l'efficacia delle proprie scelte didattiche e di simulare il proprio intervento in vista della lezione reale.

Per condurre un'autovalutazione efficace della lezione simulata, il docente può seguire alcuni passaggi:

a) **Definizione dei criteri di valutazione:** prima della lezione simulata, il docente definisce i criteri di valutazione su cui baserà la propria autovalutazione. I criteri possono riguardare aspetti quali la chiarezza degli obiettivi, l'efficacia delle strategie didattiche, la gestione del tempo, l'interazione con gli studenti, l'uso dei materiali didattici, ecc.

b) Registrazione della lezione: se possibile, il docente registra la propria lezione simulata, utilizzando una videocamera o un registratore audio. La registrazione permette di rivedere la lezione con maggiore distacco e obiettività, e di cogliere aspetti che potrebbero sfuggire durante l'azione didattica.

c) Visione e analisi della registrazione: dopo la lezione, il docente visiona la registrazione, analizzando il proprio operato alla luce dei criteri di valutazione predefiniti. Annota i punti di forza e le aree di miglioramento, facendo riferimento a esempi concreti tratti dalla lezione.

d) Compilazione di una rubrica di autovalutazione: il docente può utilizzare una rubrica di autovalutazione per valutare in modo sistematico la propria lezione simulata. La rubrica elenca i criteri di valutazione e fornisce una scala di valutazione (ad esempio, da 1 a 5) per ciascun criterio. Il docente assegna un punteggio a ciascun criterio e calcola il punteggio totale, identificando le aree di eccellenza e quelle che richiedono un miglioramento.

e) Riflessione critica: il docente riflette criticamente sui risultati della propria autovalutazione, cercando di comprendere le ragioni dei propri punti di forza e di debolezza. Si chiede, ad esempio, quali strategie didattiche hanno funzionato meglio e perché, quali difficoltà ha incontrato nella gestione della classe, come potrebbe migliorare l'uso dei materiali didattici, ecc.

f) Confronto con i feedback esterni: il docente confronta i risultati della propria autovalutazione con i feedback ricevuti da colleghi, supervisori o studenti (se previsti). Questo confronto permette di avere una visione più completa e obiettiva del proprio operato, e di identificare eventuali discrepanze tra la propria percezione e quella degli altri.

g) Pianificazione di azioni di miglioramento: sulla base dei risultati dell'autovalutazione e dei feedback esterni, il docente pianifica azioni concrete di miglioramento della propria pratica didattica. Può stabilire obiettivi specifici, identificare le risorse e le strategie necessarie per raggiungerli, e definire un calendario di attuazione.

Esempio di rubrica di autovalutazione:

Criteri di valutazione:

1. Chiarezza degli obiettivi di apprendimento.
2. Efficacia delle strategie didattiche.
3. Gestione del tempo.
4. Interazione con gli studenti.
5. Uso dei materiali didattici.

Scala di valutazione:

1 = Insufficiente; 2 = Sufficiente; 3 = Buono; 4 = Ottimo; 5 = Eccellente.

Autovalutazione del docente:

1. Chiarezza degli obiettivi di apprendimento: 4/5

Commento: Gli obiettivi erano chiari e ben definiti, ma avrebbero potuto essere comunicati in modo più esplicito agli studenti.

2. Efficacia delle strategie didattiche: 3/5

Commento: Le attività di gruppo hanno funzionato bene, ma la lezione frontale è stata un po' troppo lunga e ha fatto calare l'attenzione degli studenti.

3. Gestione del tempo: 3/5

Commento: La lezione ha rispettato i tempi previsti, ma alcune attività avrebbero meritato più tempo per essere approfondite adeguatamente.

4. Interazione con gli studenti: 4/5

Commento: Gli studenti sono stati coinvolti attivamente nella lezione e hanno posto domande pertinenti, ma avrei potuto sollecitare maggiormente la partecipazione dei più timidi.

5. Uso dei materiali didattici: 4/5

Commento: I materiali utilizzati erano adeguati e hanno facilitato la comprensione dei concetti, ma avrebbero potuto essere più vari e interattivi.

Punteggio totale: 18/25

In base a questa autovalutazione, il docente potrebbe decidere di pianificare le seguenti azioni di miglioramento:

- Esplicitare maggiormente gli obiettivi di apprendimento all'inizio della lezione.

- Ridurre la durata della lezione frontale e inserire più attività pratiche.

- Dedicare più tempo alle attività di approfondimento, eventualmente riducendo il numero di attività.

- Utilizzare strategie per coinvolgere i più studenti più timidi, come il lavoro a coppie o il peer tutoring.

- Integrare i materiali didattici con risorse multimediali e interattive.

L'autovalutazione è un processo chiave per il miglioramento continuo della pratica didattica del docente nella lezione simulata. Attraverso la definizione di criteri di valutazione, l'analisi della propria lezione, la compilazione di una rubrica e la riflessione critica, il docente può identificare i propri punti di forza e di debolezza, e pianificare azioni concrete di sviluppo professionale. Il confronto con i feedback esterni permette di avere una visione più completa del proprio operato, e di allineare la propria percezione con quella degli altri attori coinvolti nel processo di insegnamento-apprendimento.

6.2 Feedback dei colleghi e dei supervisori.

Il feedback dei colleghi e dei supervisori è un elemento prezioso per il miglioramento della pratica didattica del docente nella lezione simulata, in quanto fornisce una prospettiva esterna e obiettiva sull'efficacia dell'intervento didattico. I colleghi e i supervisori, infatti, possono osservare la lezione con distacco, notando aspetti che il docente stesso potrebbe non cogliere, e offrendo suggerimenti e spunti di riflessione per il miglioramento.

Per trarre il massimo beneficio dal feedback dei colleghi e dei supervisori, il docente può adottare alcune strategie:

a) **Richiesta di feedback specifici:** prima della lezione simulata, il docente può chiedere ai colleghi o ai supervisori di prestare attenzione ad aspetti specifici della propria pratica didattica, come la chiarezza della spiegazione, la gestione del tempo, l'interazione con gli studenti, ecc. In questo modo, il feedback sarà più mirato e utile per il miglioramento.

b) Apertura al feedback: durante e dopo la lezione simulata, il docente mantiene un atteggiamento aperto e ricettivo nei confronti dei feedback dei colleghi e dei supervisori. Ascolta con attenzione le osservazioni e i suggerimenti, evitando di mettersi sulla difensiva o di giustificarsi, e mostrando apprezzamento per lo sforzo e l'attenzione degli osservatori.

c) Feedback basati sull'evidenza: il docente incoraggia i colleghi e i supervisori a fornire feedback basati sull'evidenza, ovvero su esempi concreti tratti dalla lezione simulata. In questo modo, il feedback sarà più obiettivo e costruttivo, e il docente potrà comprendere meglio i propri punti di forza e di debolezza.

d) Feedback equilibrati: il docente chiede ai colleghi e ai supervisori di fornire feedback equilibrati, che evidenzino sia gli aspetti positivi che quelli negativi della lezione simulata. Un feedback equilibrato permette di avere una visione realistica del proprio operato, e di identificare le aree di eccellenza da consolidare e quelle di miglioramento da affrontare.

e) Confronto tra autovalutazione e feedback esterni: dopo la lezione simulata, il docente confronta i risultati della propria autovalutazione con i feedback ricevuti dai colleghi e dai supervisori. Identifica i punti di convergenza e di divergenza, e riflette sulle ragioni di eventuali discrepanze. Questo confronto permette di avere una visione più completa e obiettiva del proprio operato.

f) Discussione e approfondimento: il docente discute i feedback ricevuti con i colleghi e i supervisori, chiedendo chiarimenti o approfondimenti se necessario. La discussione permette di comprendere meglio le osservazioni fatte, di esplorare insieme possibili strategie di miglioramento, e di creare un clima di collaborazione e di supporto reciproco tra i docenti.

g) Integrazione dei feedback nella pianificazione: il docente integra i feedback ricevuti nella pianificazione delle azioni di miglioramento della propria pratica didattica. Identifica le aree prioritarie su cui lavorare, definisce obiettivi specifici e pianifica le strategie e le risorse necessarie per raggiungerli. In questo modo, il feedback diventa uno strumento concreto per il miglioramento continuo.

Esempio di feedback di un collega:

"Caro collega, ho osservato con interesse la tua lezione simulata sulla rivoluzione industriale. Ecco alcuni punti di forza che ho notato:

- La spiegazione era chiara e ben strutturata, con un'ottima introduzione che ha catturato l'attenzione degli studenti.

- Le attività di gruppo erano ben organizzate e hanno permesso agli studenti di applicare le conoscenze acquisite.

- Hai gestito in modo efficace le domande degli studenti, fornendo risposte pertinenti e stimolando la riflessione.

Ecco invece alcuni aspetti su cui potresti lavorare:

- La lezione frontale è stata un po' lunga e alcuni studenti sembravano stanchi verso la fine. Potresti alternare maggiormente le attività per mantenere alta l'attenzione.

- Alcuni studenti più timidi non hanno partecipato attivamente alle discussioni. Potresti utilizzare strategie per coinvolgerli maggiormente, come il lavoro a coppie o il peer tutoring.

- I materiali didattici erano adeguati, ma potresti integrarli con risorse multimediali e interattive per rendere la lezione ancora più coinvolgente.

Nel complesso, la tua lezione simulata è stata efficace e ben strutturata. Continua così e non esitare a chiedere feedback e suggerimenti ai colleghi per migliorare ulteriormente la tua pratica didattica".

Il feedback dei colleghi e dei supervisori è un elemento fondamentale per il miglioramento della pratica didattica del docente nella lezione simulata. Attraverso la richiesta di feedback specifici, l'apertura al confronto, l'analisi di feedback basati sull'evidenza ed equilibrati, e la discussione con i colleghi, il docente può ottenere una visione più completa e obiettiva del proprio operato, e identificare le aree di miglioramento su cui lavorare. L'integrazione dei feedback nella pianificazione delle azioni di sviluppo professionale permette di trasformare le osservazioni in strategie concrete per il miglioramento continuo della pratica didattica.

6.3 Strategie di miglioramento continuo.

Il miglioramento continuo è un processo sistematico e iterativo, che permette al docente di affinare costantemente la propria pratica didattica, capitalizzando sui propri punti di forza e lavorando sulle aree di debolezza. Nella lezione simulata, il miglioramento continuo assume un'importanza ancora maggiore, poiché permette al docente di simulare e perfezionare il proprio intervento didattico prima di proporlo in una situazione reale.

Per implementare strategie efficaci di miglioramento continuo, il docente può adottare alcuni accorgimenti:

a) **Definizione di obiettivi SMART:** il docente definisce obiettivi di miglioramento specifici, misurabili, raggiungibili, rilevanti e temporalmente definiti (SMART). Ad esempio, invece di un obiettivo generico come "migliorare la gestione della classe", il docente potrebbe definire un obiettivo SMART come "ridurre del 30% i momenti di disattenzione degli studenti durante la lezione entro il prossimo mese, utilizzando tecniche di coinvolgimento attivo".

b) Sperimentazione di nuove strategie: il docente si impegna a sperimentare regolarmente nuove strategie didattiche, tecnologie o approcci metodologici nella propria lezione simulata. La sperimentazione permette di uscire dalla propria zona di comfort, di scoprire soluzioni innovative e di valutare l'efficacia di diverse strategie in relazione ai propri obiettivi di miglioramento.

c) Documentazione e riflessione: il docente documenta sistematicamente le proprie lezioni simulate, utilizzando strumenti come diari di bordo, registrazioni video o audio, e rubriche di valutazione. La documentazione permette di tenere traccia dei propri progressi, di identificare i pattern ricorrenti nella propria pratica didattica, e di riflettere criticamente sul proprio operato.

d) Condivisione e confronto tra pari: il docente condivide regolarmente le proprie esperienze di lezione simulata con i colleghi, creando occasioni di confronto e di scambio di buone pratiche. Il confronto tra pari permette di imparare dagli altri, di ricevere feedback e suggerimenti, e di creare una cultura della collaborazione e del miglioramento continuo all'interno della scuola.

e) Formazione e aggiornamento: il docente si impegna in attività di formazione e aggiornamento continuo, partecipando a corsi, workshop, conferenze o webinar sui temi dell'innovazione didattica e della simulazione. L'aggiornamento permette di acquisire nuove conoscenze e competenze, di rimanere al passo con le tendenze educative più recenti, e di integrare nella propria pratica didattica spunti e strumenti innovativi.

f) Valutazione dell'impatto: il docente valuta regolarmente l'impatto delle proprie azioni di miglioramento, utilizzando indicatori quantitativi e qualitativi. Ad esempio, può monitorare i risultati di apprendimento degli studenti, il livello di partecipazione e coinvolgimento durante le lezioni, o il feedback degli studenti e dei colleghi. La valutazione dell'impatto permette di capire se le strategie adottate stanno effettivamente producendo i risultati desiderati, e di apportare eventuali correzioni o aggiustamenti.

g) Celebrazione dei successi: il docente celebra i propri successi e i progressi ottenuti, condividendoli con i colleghi e gli studenti. La celebrazione dei successi permette di mantenere alta la motivazione, di rafforzare l'autoefficacia e di creare un clima positivo di apprendimento e di miglioramento continuo.

Esempio di piano di miglioramento continuo:

Obiettivo SMART: Aumentare del 20% la partecipazione attiva degli studenti più timidi durante le discussioni di classe entro i prossimi 3 mesi, utilizzando strategie di coinvolgimento mirate.

Azioni:

1. Sperimentare il lavoro a coppie e il peer tutoring durante le attività di gruppo, assegnando agli studenti più timidi ruoli specifici e responsabilità.

2. Utilizzare tecniche di nominazione casuale per coinvolgere gli studenti più timidi nelle discussioni, incoraggiandoli a esprimere le proprie opinioni.

3. Fornire feedback positivi e incoraggianti agli studenti più timidi quando partecipano attivamente, valorizzando il loro contributo.

4. Documentare le lezioni simulate utilizzando una rubrica di osservazione focalizzata sulla partecipazione degli studenti, e riflettere sui progressi ottenuti.

5. Confrontarsi con i colleghi sulle strategie utilizzate per coinvolgere gli studenti più timidi, e scambiare buone pratiche ed esperienze.

6. Partecipare a un workshop sulle tecniche di facilitazione delle discussioni in classe, per acquisire nuove competenze e spunti operativi.

7. Monitorare il livello di partecipazione degli studenti più timidi durante le lezioni, utilizzando una griglia di osservazione, e valutare l'impatto delle strategie adottate.

8. Celebrare i progressi ottenuti con gli studenti più timidi, condividendo i risultati positivi con la classe e i colleghi.

Il miglioramento continuo è un processo sistematico e iterativo, che richiede impegno, riflessione e sperimentazione da parte del docente. Attraverso la definizione di obiettivi SMART, la sperimentazione di nuove strategie, la documentazione e la riflessione, il confronto tra pari, la formazione continua e la valutazione dell'impatto, il docente può affinare costantemente la propria pratica didattica nella lezione simulata, capitalizzando sui propri punti di forza e lavorando sulle aree di debolezza. La celebrazione dei successi permette di mantenere alta la motivazione e di creare un clima positivo di apprendimento e di miglioramento continuo.

Parte II

L'unità didattica di apprendimento (UDA)

1. Cos'è un'UDA

1.1 Definizione e caratteristiche.

Un'Unità di Apprendimento (UDA) è una struttura didattica che organizza e pianifica il processo di insegnamento-apprendimento intorno a un tema centrale o a un problema complesso, con l'obiettivo di sviluppare competenze trasversali e disciplinari negli studenti. L'UDA si caratterizza per alcuni elementi chiave:

a) Interdisciplinarietà: l'UDA affronta un tema o un problema da molteplici prospettive disciplinari, favorendo l'integrazione dei saperi e la costruzione di una visione olistica della conoscenza.

b) Centralità dello studente: l'UDA mette al centro del processo di apprendimento lo studente, che assume un ruolo attivo e responsabile nella costruzione delle proprie conoscenze e competenze.

c) Apprendimento per competenze: l'UDA mira a sviluppare competenze trasversali e disciplinari, ovvero la capacità di mobilizzare conoscenze, abilità e atteggiamenti per affrontare situazioni complesse e risolvere problemi autentici.

d) Prodotto finale: l'UDA prevede la realizzazione di un prodotto finale, che può essere un elaborato, un progetto, una presentazione o una performance, in cui gli studenti dimostrano le competenze acquisite.

e) Valutazione autentica: l'UDA utilizza strategie di valutazione autentica, che si focalizzano non solo sui risultati dell'apprendimento, ma anche sui processi e sulle modalità con cui gli studenti affrontano i compiti proposti.

1.2 Vantaggi dell'utilizzo delle UDA.

L'utilizzo delle UDA nella pratica didattica presenta numerosi vantaggi per l'apprendimento degli studenti e per la professionalità dei docenti:

a) **Motivazione e coinvolgimento:** l'UDA, affrontando problemi complessi e autentici, stimola la motivazione e il coinvolgimento degli studenti, che si sentono protagonisti del proprio apprendimento e vedono il senso e l'utilità delle conoscenze acquisite.

b) **Sviluppo di competenze trasversali:** l'UDA favorisce lo sviluppo di competenze trasversali, come il pensiero critico, la creatività, la collaborazione, la comunicazione e l'autoregolazione, che sono fondamentali per il successo formativo e professionale degli studenti.

c) **Personalizzazione dell'apprendimento:** l'UDA permette di personalizzare l'apprendimento, offrendo agli studenti la possibilità di esplorare il tema o il problema secondo i propri interessi, stili cognitivi e livelli di preparazione.

d) Collaborazione tra docenti: l'UDA richiede la collaborazione tra docenti di diverse discipline, favorendo la condivisione di obiettivi, metodologie e criteri di valutazione, e promuovendo la crescita professionale e il confronto tra pari.

e) Valutazione formativa: l'UDA, utilizzando strategie di valutazione autentica, permette di monitorare in modo continuo e formativo il processo di apprendimento degli studenti, fornendo feedback costruttivi per il miglioramento.

f) Raccordo con il territorio: l'UDA, affrontando problemi reali e coinvolgendo esperti o realtà del territorio, favorisce il raccordo tra scuola e mondo esterno, rendendo l'apprendimento più significativo e spendibile.

1.3 Differenza tra Lezione simulata e UDA.

La lezione simulata e l'UDA sono due strutture didattiche diverse, che rispondono a obiettivi e modalità organizzative specifiche:

a) Durata: la lezione simulata è un'attività didattica di breve durata (generalmente una o poche ore), mentre l'UDA si sviluppa su un arco temporale più lungo (settimane o mesi), prevedendo una pluralità di lezioni e attività.

b) Obiettivi: la lezione simulata mira principalmente a verificare la capacità del docente di progettare e condurre un intervento didattico efficace, mentre l'UDA si focalizza sullo sviluppo di competenze trasversali e disciplinari degli studenti.

c) Ruolo del docente: nella lezione simulata il docente è il protagonista, che progetta e conduce l'attività didattica, mentre nell'UDA il docente agisce come facilitatore e guida, lasciando agli studenti un ruolo attivo e centrale.

d) Valutazione: nella lezione simulata la valutazione si concentra principalmente sulla performance del docente, mentre nell'UDA la valutazione si focalizza sui processi e sui prodotti dell'apprendimento degli studenti.

e) Interdisciplinarietà: la lezione simulata è generalmente focalizzata su una singola disciplina o su un argomento specifico, mentre l'UDA prevede l'integrazione di diverse discipline e la costruzione di collegamenti interdisciplinari.

f) Prodotto finale: la lezione simulata non prevede necessariamente la realizzazione di un prodotto finale, mentre l'UDA si conclude con un elaborato o una performance in cui gli studenti dimostrano le competenze acquisite.

In sintesi, mentre la lezione simulata è un'attività didattica circoscritta, finalizzata principalmente alla verifica delle competenze didattiche del docente, l'UDA è una struttura complessa e articolata, che mira allo sviluppo di competenze trasversali e disciplinari degli studenti attraverso un approccio interdisciplinare e una didattica attiva e centrata sullo studente. Entrambe le strutture didattiche hanno la loro rilevanza e utilità, ma rispondono a obiettivi e modalità organizzative diverse.

2. Progettazione di un'UDA

2.1 Identificazione dei traguardi di competenza.

L'identificazione dei traguardi di competenza è il primo passo nella progettazione di un'UDA, in quanto permette di definire in modo chiaro e condiviso gli obiettivi formativi che si vogliono raggiungere. I traguardi di competenza rappresentano le competenze che gli studenti dovrebbero acquisire al termine dell'UDA, e sono descritti in termini di conoscenze, abilità e atteggiamenti mobilizzati per affrontare situazioni complesse e risolvere problemi autentici.

Per identificare i traguardi di competenza, il team di docenti può seguire alcuni passaggi chiave:

a) Analisi delle competenze chiave: il team di docenti analizza le competenze chiave per l'apprendimento permanente definite a livello europeo (es. competenza alfabetica funzionale, competenza multilinguistica, competenza matematica e competenza in scienze, tecnologie e ingegneria, competenza digitale, competenza personale, sociale e capacità di imparare a imparare, competenza in materia di cittadinanza, competenza imprenditoriale, competenza in materia di consapevolezza ed espressione culturali), e individua quelle più rilevanti per l'UDA.

b) Analisi delle competenze disciplinari: il team di docenti analizza le competenze disciplinari previste dai curricoli nazionali o locali per le diverse discipline coinvolte nell'UDA, e individua quelle più pertinenti e significative per il tema o il problema affrontato.

c) Definizione dei traguardi di competenza: sulla base delle competenze chiave e disciplinari individuate, il team di docenti definisce i traguardi di competenza specifici per l'UDA, descrivendoli in termini di conoscenze (sapere), abilità (saper fare) e atteggiamenti (saper essere) che gli studenti dovrebbero acquisire. I traguardi di competenza dovrebbero essere formulati in modo chiaro, specifico e osservabile, utilizzando verbi di azione (es. analizzare, valutare, creare, collaborare, comunicare).

d) Allineamento con il profilo dello studente: i traguardi di competenza dell'UDA dovrebbero essere allineati con il profilo dello studente in uscita, ovvero con le competenze che gli studenti dovrebbero possedere al termine del percorso scolastico. Il team di docenti verifica che i traguardi di competenza dell'UDA contribuiscano allo sviluppo delle competenze previste dal profilo dello studente.

e) Condivisione con gli studenti: i traguardi di competenza dell'UDA dovrebbero essere condivisi con gli studenti fin dall'inizio del percorso, in modo che siano consapevoli degli obiettivi formativi e possano auto-valutare il proprio apprendimento. Il team di docenti presenta i traguardi di competenza in modo chiaro e accessibile, utilizzando un linguaggio adeguato all'età e al livello degli studenti.

Esempio di traguardi di competenza per un'UDA sul tema dei cambiamenti climatici:

Al termine dell'UDA, gli studenti saranno in grado di:

- Analizzare dati e informazioni sui cambiamenti climatici provenienti da fonti diverse, valutandone l'attendibilità e la rilevanza (competenza alfabetica funzionale, competenza matematica e competenza in scienze, tecnologie e ingegneria).

- Comunicare in modo efficace le cause, le conseguenze e le possibili soluzioni dei cambiamenti climatici, utilizzando diversi linguaggi e registri comunicativi (competenza alfabetica funzionale, competenza multilinguistica, competenza digitale).

- Collaborare in gruppo per progettare e realizzare un'azione di sensibilizzazione sui cambiamenti climatici rivolta alla comunità scolastica o locale (competenza personale, sociale e capacità di imparare a imparare, competenza in materia di cittadinanza, competenza imprenditoriale).

- Riflettere criticamente sui propri comportamenti e stili di vita in relazione all'impatto sui cambiamenti climatici, e proporre azioni concrete per ridurre la propria impronta ecologica (competenza personale, sociale e capacità di imparare a imparare, competenza in materia di cittadinanza, competenza imprenditoriale).

L'identificazione dei traguardi di competenza è un passaggio cruciale nella progettazione di un'UDA, in quanto permette di definire in modo chiaro e condiviso gli obiettivi formativi che si vogliono raggiungere. Attraverso l'analisi delle competenze chiave e disciplinari, la definizione di traguardi specifici, l'allineamento con il profilo dello studente e la condivisione con gli studenti, il team di docenti crea le condizioni per un apprendimento significativo e orientato allo sviluppo di competenze trasversali e disciplinari.

2.2 Definizione dei risultati di apprendimento attesi.

La definizione dei risultati di apprendimento attesi è il secondo passo nella progettazione di un'UDA, strettamente legato all'identificazione dei traguardi di competenza. I risultati di apprendimento rappresentano ciò che gli studenti dovrebbero conoscere, comprendere ed essere in grado di fare al termine dell'UDA, e costituiscono la base per la progettazione delle attività didattiche e per la valutazione degli apprendimenti.

Per definire i risultati di apprendimento attesi, il team di docenti può seguire alcuni accorgimenti:

a) **Derivazione dai traguardi di competenza:** i risultati di apprendimento dovrebbero essere derivati dai traguardi di competenza identificati per l'UDA, rappresentandone una declinazione più specifica e operativa. Ogni traguardo di competenza può essere scomposto in uno o più risultati di apprendimento, che ne descrivono le componenti in termini di conoscenze, abilità e atteggiamenti.

b) Formulazione secondo la tassonomia di Bloom: i risultati di apprendimento dovrebbero essere formulati utilizzando la tassonomia di Bloom, che classifica gli obiettivi educativi in sei livelli di complessità cognitiva crescente (conoscenza, comprensione, applicazione, analisi, sintesi, valutazione). Il team di docenti sceglie il livello tassonomico adeguato per ciascun risultato di apprendimento, in base alla complessità del compito richiesto.

c) Utilizzo di verbi di azione: i risultati di apprendimento dovrebbero essere espressi utilizzando verbi di azione, che descrivono in modo chiaro e osservabile ciò che gli studenti dovrebbero essere in grado di fare. I verbi dovrebbero essere specifici, misurabili e coerenti con il livello tassonomico scelto (es. per il livello di conoscenza: elencare, definire, descrivere; per il livello di applicazione: applicare, utilizzare, dimostrare; per il livello di valutazione: valutare, giudicare, argomentare).

d) Specificazione delle condizioni e dei criteri: i risultati di apprendimento dovrebbero specificare le condizioni in cui la prestazione deve essere dimostrata e i criteri di accettabilità della prestazione stessa. Le condizioni possono riguardare le risorse a disposizione, i vincoli di tempo o le modalità di lavoro (es. individualmente, in gruppo), mentre i criteri possono riguardare la qualità, la quantità o la pertinenza della prestazione (es. con un livello di accuratezza del 90%, utilizzando almeno tre fonti autorevoli).

e) Verifica della coerenza e della fattibilità: il team di docenti verifica che i risultati di apprendimento attesi siano coerenti tra loro e con i traguardi di competenza, e che siano effettivamente raggiungibili dagli studenti nel tempo a disposizione e con le risorse previste. Eventuali risultati di apprendimento troppo ambiziosi o non pertinenti possono essere rivisti o eliminati.

Esempio di risultati di apprendimento attesi per un'UDA sul tema dei cambiamenti climatici:

Al termine dell'UDA, gli studenti saranno in grado di:

- Elencare almeno quattro cause antropiche dei cambiamenti climatici, descrivendone i meccanismi di azione (livello tassonomico: **conoscenza**)

- Spiegare le conseguenze dei cambiamenti climatici su ecosistemi, economia e società, fornendo esempi concreti e dati a supporto (livello tassonomico: comprensione)

- Calcolare la propria impronta ecologica utilizzando un calculator online, e confrontarla con la media nazionale e globale (livello tassonomico: **applicazione**)

- Analizzare criticamente un articolo di giornale sui cambiamenti climatici, individuandone le tesi principali, le argomentazioni a supporto e gli eventuali bias (livello tassonomico: **analisi**)

- Progettare in gruppo un'azione di sensibilizzazione sui cambiamenti climatici rivolta alla comunità scolastica, definendo obiettivi, destinatari, modalità e strumenti di valutazione (livello tassonomico: **sintesi**).

- Argomentare la propria posizione sui cambiamenti climatici in un dibattito in classe, portando almeno tre argomenti a supporto e contro le tesi discusse (livello tassonomico: **valutazione**).

La definizione dei risultati di apprendimento attesi è un passaggio fondamentale nella progettazione di un'UDA, che traduce i traguardi di competenza in obiettivi specifici e misurabili. Attraverso la derivazione dai traguardi di competenza, la formulazione secondo la tassonomia di Bloom, l'utilizzo di verbi di azione, la specificazione delle condizioni e dei criteri e la verifica della coerenza e della fattibilità, il team di docenti crea le basi per una progettazione didattica efficace e per una valutazione trasparente e attendibile degli apprendimenti degli studenti.

2.3 Selezione dei contenuti e delle attività.

La selezione dei contenuti e delle attività è il terzo passo nella progettazione di un'UDA, che permette di definire "cosa" gli studenti impareranno e "come" lo impareranno. I contenuti rappresentano i saperi essenziali che gli studenti dovrebbero acquisire per raggiungere i risultati di apprendimento attesi, mentre le attività rappresentano le esperienze di apprendimento che permettono agli studenti di confrontarsi con i contenuti in modo attivo e significativo.

Per selezionare i contenuti e le attività di un'UDA, il team di docenti può seguire alcuni criteri:

a) Rilevanza rispetto ai risultati di apprendimento: i contenuti e le attività dovrebbero essere selezionati in funzione della loro rilevanza rispetto ai risultati di apprendimento attesi. Ogni contenuto e attività dovrebbe contribuire in modo significativo al raggiungimento di uno o più risultati di apprendimento, evitando elementi superflui o non pertinenti.

b) Essenzialità e significatività: i contenuti dovrebbero essere selezionati in base alla loro essenzialità e significatività rispetto al tema o al problema affrontato dall'UDA. Il team di docenti identifica i nuclei fondanti delle discipline coinvolte, ovvero i concetti, le teorie, i modelli e i metodi irrinunciabili per la comprensione del tema, evitando la frammentazione e la dispersione dei saperi.

c) Interesse e motivazione degli studenti: le attività dovrebbero essere selezionate in base al loro potenziale di interesse e motivazione per gli studenti. Il team di docenti sceglie attività coinvolgenti, sfidanti e variegate, che permettano agli studenti di esplorare il tema da prospettive diverse, di esprimere la propria creatività e di mettere in gioco le proprie capacità.

d) Allineamento con le metodologie didattiche: le attività dovrebbero essere allineate con le metodologie didattiche scelte per l'UDA, in modo da creare un percorso di apprendimento coerente e integrato. Il team di docenti seleziona attività coerenti con approcci didattici attivi e centrati sullo studente, come il problem-based learning, il project-based learning, il cooperative learning o la flipped classroom.

e) Autenticità e complessità: le attività dovrebbero essere il più possibile autentiche e complesse, ovvero collegate a situazioni e problemi reali, e richiedere l'attivazione di competenze trasversali e disciplinari. Il team di docenti privilegia attività che prevedono la creazione di prodotti significativi, la soluzione di problemi aperti, l'interazione con esperti o la partecipazione a progetti sul territorio.

f) Flessibilità e personalizzazione: i contenuti e le attività dovrebbero prevedere una certa flessibilità e personalizzazione, in modo da rispondere ai diversi stili di apprendimento, interessi e livelli di preparazione degli studenti. Il team di docenti prevede la possibilità di differenziare i contenuti e le attività in base alle esigenze specifiche degli studenti, fornendo supporti o sfide aggiuntive.

Esempio di contenuti e attività per un'UDA sul tema dei cambiamenti climatici:

Contenuti:

- Cause naturali e antropiche dei cambiamenti climatici;

- Effetto serra e gas climalteranti;

- Conseguenze dei cambiamenti climatici su ecosistemi, economia e società;

- Politiche e azioni di mitigazione e adattamento ai cambiamenti climatici;

- Stili di vita sostenibili e impronta ecologica.

Attività:

- Brainstorming iniziale sui cambiamenti climatici e sulle preconoscenze degli studenti;

- Lezione interattiva sulle cause e le conseguenze dei cambiamenti climatici, con l'utilizzo di video, infografiche e simulazioni;

- Lavoro di gruppo per l'analisi di case studies di impatti dei cambiamenti climatici in diverse parti del mondo;

- Esperimento di laboratorio sull'effetto serra e sui gas climalteranti;

- Intervista a un esperto di politiche climatiche e visita a un'azienda che utilizza energie rinnovabili;

- Calcolo dell'impronta ecologica individuale e di classe, e riflessione sulle azioni per ridurla;

- Progettazione e realizzazione di una campagna di sensibilizzazione sui cambiamenti climatici rivolta alla comunità scolastica;

- Debate sui pro e i contro delle diverse politiche di mitigazione e adattamento ai cambiamenti climatici;

- Creazione di un blog o di un podcast per documentare il percorso di apprendimento e le riflessioni degli studenti.

La selezione dei contenuti e delle attività è un passaggio chiave nella progettazione di un'UDA, che permette di definire il "cosa" e il "come" dell'apprendimento. Attraverso la scelta di contenuti rilevanti, essenziali e significativi, e di attività coinvolgenti, autentiche e flessibili, allineate con le metodologie didattiche, il team di docenti crea le condizioni per un apprendimento attivo, personalizzato e orientato allo sviluppo di competenze. La varietà e la ricchezza dei contenuti e delle attività proposte permettono agli studenti di esplorare il tema da molteplici prospettive, di mettere in gioco le proprie capacità e di costruire un apprendimento solido e duraturo.

2.4 Scelta delle metodologie e degli strumenti di valutazione.

La scelta delle metodologie e degli strumenti di valutazione è il quarto passo nella progettazione di un'UDA, che permette di definire come si valuteranno i processi e i prodotti dell'apprendimento degli studenti. Le metodologie di valutazione rappresentano le modalità con cui i docenti raccolgono informazioni sugli apprendimenti degli studenti, mentre gli strumenti di valutazione rappresentano i dispositivi operativi che permettono di documentare e misurare tali apprendimenti.

Per scegliere le metodologie e gli strumenti di valutazione di un'UDA, il team di docenti può seguire alcuni principi:

a) Coerenza con i risultati di apprendimento: le metodologie e gli strumenti di valutazione dovrebbero essere coerenti con i risultati di apprendimento attesi dell'UDA. Per ogni risultato di apprendimento, il team di docenti individua le metodologie e gli strumenti più adatti per verificarne il raggiungimento, in termini di conoscenze, abilità e competenze.

b) Validità e attendibilità: le metodologie e gli strumenti di valutazione dovrebbero essere validi e attendibili, ovvero in grado di misurare effettivamente ciò che si propongono di misurare (validità) e di fornire risultati stabili e confrontabili nel tempo e tra diversi valutatori (attendibilità). Il team di docenti sceglie metodologie e strumenti basati su criteri espliciti, oggettivi e trasparenti.

c) Varietà e molteplicità: le metodologie e gli strumenti di valutazione dovrebbero essere vari e molteplici, in modo da cogliere la complessità e la multidimensionalità degli apprendimenti. Il team di docenti utilizza una pluralità di metodologie (osservazioni, prove pratiche, colloqui, test, prodotti) e di strumenti (griglie, rubriche, portfolio, diari di bordo), in funzione delle diverse fasi e attività dell'UDA.

d) Valutazione autentica e di processo: le metodologie e gli strumenti di valutazione dovrebbero privilegiare una valutazione autentica e di processo, ovvero basata su compiti significativi e contestualizzati, e attenta non solo ai prodotti finali, ma anche ai processi di apprendimento. Il team di docenti valorizza metodologie quali l'osservazione sistematica, la valutazione tra pari, l'autovalutazione e la documentazione dei processi.

e) Partecipazione degli studenti: le metodologie e gli strumenti di valutazione dovrebbero prevedere la partecipazione attiva degli studenti, in modo da favorire la consapevolezza e la responsabilità del proprio apprendimento. Il team di docenti coinvolge gli studenti nella definizione dei criteri di valutazione, nell'autovalutazione e nella valutazione tra pari, e condivide con loro i risultati delle valutazioni.

f) Feedback formativi: le metodologie e gli strumenti di valutazione dovrebbero fornire feedback formativi agli studenti, ovvero restituzioni tempestive, dettagliate e orientate al miglioramento. Il team di docenti utilizza i risultati delle valutazioni per fornire indicazioni sulle aree di forza e di debolezza degli studenti, per calibrare le attività didattiche successive e per supportare il processo di apprendimento.

Esempio di metodologie e strumenti di valutazione per un'UDA sul tema dei cambiamenti climatici:

Metodologie di valutazione:

- Osservazione sistematica dei comportamenti e delle interazioni degli studenti durante le attività di gruppo;

- Valutazione tra pari della qualità dei prodotti intermedi (es. analisi di case studies, progettazione della campagna di sensibilizzazione);

- Autovalutazione del proprio contributo al lavoro di gruppo e del proprio apprendimento;

- Prove pratiche di laboratorio sull'effetto serra e sui gas climalteranti;

- Presentazione orale della campagna di sensibilizzazione alla comunità scolastica;

- Debate sui pro e i contro delle politiche di mitigazione e adattamento ai cambiamenti climatici;

- Test di verifica delle conoscenze sui cambiamenti climatici.

Strumenti di valutazione:

- Griglie di osservazione dei comportamenti e delle interazioni degli studenti durante le attività di gruppo;

- Rubriche di valutazione della qualità dei prodotti intermedi e finali;

- Questionari di autovalutazione e di valutazione tra pari;

- Prove strutturate di laboratorio con schede di rilevazione dei risultati;

- Rubriche di valutazione della presentazione orale della campagna di sensibilizzazione;

- Griglie di osservazione del debate con indicatori di qualità dell'argomentazione;

- Test a scelta multipla e a risposta aperta sulle conoscenze relative ai cambiamenti climatici.

La scelta delle metodologie e degli strumenti di valutazione è un passaggio cruciale nella progettazione di un'UDA, che permette di definire come si valuteranno i processi e i prodotti dell'apprendimento degli studenti. Attraverso l'utilizzo di metodologie e strumenti coerenti con i risultati di apprendimento, validi e attendibili, vari e molteplici, orientati alla valutazione autentica e di processo, partecipativi e formativi, il team di docenti crea le condizioni per una valutazione efficace, trasparente e orientata al miglioramento. La molteplicità delle metodologie e degli strumenti utilizzati permette di cogliere la complessità degli apprendimenti degli studenti, di valorizzare i loro punti di forza e di supportarli nelle aree di debolezza, in un'ottica di assessment for learning.

3. Struttura di un'UDA

3.1 Titolo e descrizione.

Il titolo e la descrizione costituiscono la prima sezione della struttura di un'UDA, in cui si fornisce una presentazione sintetica e accattivante del percorso didattico che si intende realizzare. Il titolo e la descrizione hanno la funzione di comunicare in modo chiaro e coinvolgente il tema o il problema che sarà affrontato, gli obiettivi formativi che si intendono raggiungere e le modalità di lavoro che saranno adottate.

Per elaborare un titolo e una descrizione efficaci, il team di docenti può seguire alcuni suggerimenti:

a) Scelta di un titolo accattivante: il titolo dell'UDA dovrebbe essere breve, incisivo e accattivante, in grado di suscitare la curiosità e l'interesse degli studenti. Può contenere una domanda, un'immagine evocativa, un gioco di parole o un riferimento a un'esperienza concreta. Esempi di titoli accattivanti per l'UDA sui cambiamenti climatici: "SOS clima: come salvare il pianeta dal riscaldamento globale", "Missione Green: alla scoperta delle soluzioni per un futuro sostenibile".

b) Esplicitazione del tema o del problema: nella descrizione dell'UDA, il team di docenti esplicita in modo chiaro e sintetico il tema o il problema che sarà affrontato, evidenziandone la rilevanza e l'attualità. Può fare riferimento a dati, eventi o questioni significative, che rendano il tema vicino all'esperienza e agli interessi degli studenti. Esempio di esplicitazione del tema per l'UDA sui cambiamenti climatici: "I cambiamenti climatici rappresentano una delle sfide più urgenti e complesse del nostro tempo, con impatti significativi sull'ambiente, l'economia e la società. Basti pensare che, secondo i dati dell'IPCC, se non si interviene tempestivamente, la temperatura media globale potrebbe aumentare di oltre 3°C entro la fine del secolo, con conseguenze devastanti per gli ecosistemi e per la vita umana".

c) Presentazione degli obiettivi formativi: nella descrizione dell'UDA, il team di docenti presenta gli obiettivi formativi che si intendono raggiungere, in termini di conoscenze, abilità e competenze. Gli obiettivi devono essere espressi in modo chiaro e concreto, utilizzando verbi di azione e facendo riferimento ai traguardi di competenza previsti. Esempio di presentazione degli obiettivi formativi per l'UDA sui cambiamenti climatici: "Attraverso questo percorso, gli studenti avranno l'opportunità di: comprendere le cause e le conseguenze dei cambiamenti climatici, analizzando dati scientifici e case studies; sperimentare in laboratorio l'effetto serra e il ruolo dei gas climalteranti; progettare e realizzare una campagna di sensibilizzazione per promuovere stili di vita sostenibili; sviluppare il pensiero critico e la capacità di argomentazione, partecipando a un debate sulle politiche climatiche".

d) Anticipazione delle modalità di lavoro: nella descrizione dell'UDA, il team di docenti anticipa le principali modalità di lavoro che saranno adottate, in modo da fornire agli studenti un'idea del tipo di attività e di esperienze che vivranno. Può fare riferimento alle metodologie didattiche che saranno utilizzate (es. lavoro di gruppo, ricerca sul campo, esperimenti di laboratorio), agli strumenti e ai materiali che saranno impiegati (es. documenti, video, interviste, software), e ai prodotti che saranno realizzati (es. presentazioni, blog, podcast). Esempio di anticipazione delle modalità di lavoro per l'UDA sui cambiamenti climatici: "Durante questo percorso, lavorerete in gruppo per analizzare case studies, condurre esperimenti, progettare una campagna di sensibilizzazione. Avrete l'opportunità di confrontarvi con esperti, di visitare aziende green, di utilizzare strumenti digitali per il calcolo dell'impronta ecologica. Realizzerete prodotti concreti, come presentazioni, blog, podcast, per documentare il vostro apprendimento e per comunicare il vostro messaggio alla comunità scolastica".

Esempio di titolo e descrizione per l'UDA sui cambiamenti climatici:

Titolo: **"SOS clima: come salvare il pianeta dal riscaldamento globale"**

Descrizione: "I cambiamenti climatici rappresentano una delle sfide più urgenti e complesse del nostro tempo, con impatti significativi sull'ambiente, l'economia e la società. Basti pensare che, secondo i dati dell'IPCC, se non si interviene tempestivamente, la temperatura media globale potrebbe aumentare di oltre 3°C entro la fine del secolo, con conseguenze devastanti per gli ecosistemi e per la vita umana.

Attraverso questo percorso, avrete l'opportunità di:

- Comprendere le cause e le conseguenze dei cambiamenti climatici, analizzando dati scientifici e case studies;

- Sperimentare in laboratorio l'effetto serra e il ruolo dei gas climalteranti;

- Progettare e realizzare una campagna di sensibilizzazione per promuovere stili di vita sostenibili;

- Sviluppare il pensiero critico e la capacità di argomentazione, partecipando a un debate sulle politiche climatiche.

Lavorerete in gruppo per analizzare case studies, condurre esperimenti, progettare una campagna di sensibilizzazione. Avrete l'opportunità di confrontarvi con esperti, di visitare aziende green, di utilizzare strumenti digitali per il calcolo dell'impronta ecologica. Realizzerete prodotti concreti, come presentazioni, blog, podcast, per documentare il vostro apprendimento e per comunicare il vostro messaggio alla comunità scolastica.

"Siete pronti a diventare agenti del cambiamento per un futuro più sostenibile?".

Il titolo e la descrizione rappresentano il biglietto da visita dell'UDA, in cui si presentano in modo sintetico e accattivante il tema, gli obiettivi e le modalità di lavoro del percorso didattico. Attraverso la scelta di un titolo coinvolgente, l'esplicitazione del problema, la presentazione degli obiettivi formativi e l'anticipazione delle attività, il team di docenti suscita l'interesse e la motivazione degli studenti, fornendo loro una bussola per orientarsi nel percorso di apprendimento. Un titolo e una descrizione efficaci sono il primo passo per creare un'UDA coinvolgente, significativa e sfidante per gli studenti.

3.2 Competenze chiave e disciplinari.

La sezione dedicata alle competenze chiave e disciplinari rappresenta il cuore della struttura di un'UDA, in cui si esplicitano le competenze che gli studenti dovranno sviluppare attraverso il percorso didattico. Le competenze chiave sono quelle definite a livello europeo come fondamentali per la realizzazione personale, la cittadinanza attiva, l'inclusione sociale e l'occupabilità nella società della conoscenza. Le competenze disciplinari, invece, sono quelle specifiche delle singole discipline coinvolte nell'UDA, che contribuiscono allo sviluppo delle competenze chiave in modo integrato e trasversale.

Per individuare le competenze chiave e disciplinari da sviluppare nell'UDA, il team di docenti può seguire alcuni passaggi:

a) **Analisi delle competenze chiave europee:** il team di docenti analizza le otto competenze chiave europee (competenza alfabetica funzionale, competenza multilinguistica, competenza matematica e competenza in scienze, tecnologie e ingegneria, competenza digitale, competenza personale, sociale e capacità di imparare a imparare, competenza in materia di cittadinanza, competenza imprenditoriale, competenza in materia di consapevolezza ed espressione culturali) e individua quelle più rilevanti per l'UDA, in base al tema, agli obiettivi e alle attività previste. Ad esempio, per l'UDA sui cambiamenti climatici, le competenze chiave più pertinenti potrebbero essere la competenza matematica e in scienze, tecnologie e ingegneria, la competenza digitale, la competenza in materia di cittadinanza e la competenza personale, sociale e capacità di imparare a imparare.

b) Analisi delle competenze disciplinari: il team di docenti analizza le competenze specifiche delle discipline coinvolte nell'UDA (es. scienze, geografia, italiano, tecnologia) e individua quelle che possono contribuire allo sviluppo delle competenze chiave selezionate. Ad esempio, per l'UDA sui cambiamenti climatici, le competenze disciplinari potrebbero essere: per scienze, la capacità di analizzare dati e fenomeni naturali, di formulare ipotesi e di verificarle sperimentalmente; per geografia, la capacità di interpretare carte tematiche e di analizzare le relazioni tra ambiente, economia e società; per italiano, la capacità di comprendere e produrre testi argomentativi e di partecipare a discussioni e debate; per tecnologia, la capacità di utilizzare strumenti digitali per la ricerca, l'analisi e la presentazione di dati e informazioni.

c) **Definizione delle competenze target:** sulla base delle competenze chiave e disciplinari individuate, il team di docenti definisce le competenze target che gli studenti dovranno sviluppare attraverso l'UDA. Le competenze target devono essere formulate in modo chiaro e operativo, utilizzando verbi di azione e facendo riferimento a contesti e compiti autentici. Ad esempio, per l'UDA sui cambiamenti climatici, le competenze target potrebbero essere: "Analizzare dati e informazioni sui cambiamenti climatici provenienti da fonti diverse, valutandone l'attendibilità e la rilevanza"; "Collaborare in gruppo per progettare e realizzare una campagna di sensibilizzazione sui cambiamenti climatici rivolta alla comunità scolastica o locale"; "Argomentare la propria posizione sui cambiamenti climatici in un dibattito, portando evidenze a supporto e confutando le tesi opposte".

d) **Allineamento con i traguardi di competenza:** il team di docenti verifica che le competenze target siano allineate con i traguardi di competenza previsti dai curricoli disciplinari e dal profilo in uscita degli studenti. In questo modo, si assicura che l'U-

DA contribuisca in modo significativo al raggiungimento delle competenze previste per il grado scolastico e per l'indirizzo di studi.

Esempio di competenze chiave e disciplinari per l'UDA sui cambiamenti climatici:

Competenze chiave:

- **Competenza matematica e competenza in scienze, tecnologie e ingegneria:** analizzare dati e informazioni sui cambiamenti climatici provenienti da fonti diverse, valutandone l'attendibilità e la rilevanza; sperimentare in laboratorio l'effetto serra e il ruolo dei gas climalteranti.

- **Competenza digitale:** utilizzare strumenti digitali per la ricerca, l'analisi e la presentazione di dati e informazioni sui cambiamenti climatici; creare prodotti multimediali (presentazioni, blog, podcast) per documentare il proprio apprendimento e comunicare il proprio messaggio.

- **Competenza in materia di cittadinanza:** comprendere le cause e le conseguenze dei cambiamenti climatici a livello locale e globale; progettare e realizzare una campagna di sensibilizzazione per promuovere stili di vita sostenibili; partecipare a discussioni e debate sulle politiche climatiche, esprimendo la propria posizione in modo informato e rispettoso.

- **Competenza personale, sociale e capacità di im-

parare a imparare: riflettere sul proprio stile di vita in relazione all'impatto ambientale; collaborare in gruppo per la realizzazione di compiti e progetti; autovalutare il proprio apprendimento e identificare strategie di miglioramento.

Competenze disciplinari:

- **Scienze:** analizzare dati e fenomeni naturali relativi ai cambiamenti climatici; formulare ipotesi sulle cause e le conseguenze del riscaldamento globale; verificare sperimentalmente l'effetto serra e il ruolo dei gas climalteranti.

- **Geografia:** interpretare carte tematiche sui cambiamenti climatici a livello locale e globale; analizzare le relazioni tra cambiamenti climatici, risorse naturali, attività economiche e insediamenti umani; proporre soluzioni per la mitigazione e l'adattamento ai cambiamenti climatici.

- **Italiano:** comprendere e produrre testi argomentativi sui cambiamenti climatici; partecipare a discussioni e debate sulle politiche climatiche, esprimendo la propria posizione in modo chiaro e argomentato; utilizzare un linguaggio appropriato e specialistico per comunicare informazioni scientifiche.

- **Tecnologia:** utilizzare strumenti digitali per la ricerca, l'analisi e la presentazione di dati e informazioni sui cambiamenti climatici; progettare e realizzare prodotti multimediali (presentazioni, blog, podcast) per documentare il proprio apprendimento e comunicare il proprio messaggio; riflettere sull'impatto ambientale delle tecnologie e proporre soluzioni eco-sostenibili.

La sezione dedicata alle competenze chiave e disciplinari rappresenta il cuore della struttura di un'UDA, in cui si esplicitano le competenze che gli studenti dovranno sviluppare attraverso il percorso didattico. Attraverso l'analisi delle competenze chiave europee e delle competenze disciplinari, la definizione delle competenze target e l'allineamento con i traguardi di competenza, il team di docenti crea un quadro di riferimento chiaro e coerente per la progettazione e la valutazione dell'UDA. L'integrazione tra competenze chiave e disciplinari favorisce lo sviluppo di una visione olistica e trasversale dell'apprendimento, in cui le conoscenze e le abilità acquisite in ambito disciplinare sono messe al servizio di compiti e problemi complessi, che richiedono la mobilitazione di risorse cognitive, metacognitive e socio-relazionali.

3.3 Obiettivi specifici di apprendimento.

Gli obiettivi specifici di apprendimento rappresentano la declinazione operativa delle competenze chiave e disciplinari in termini di conoscenze, abilità e atteggiamenti che gli studenti dovranno acquisire attraverso l'UDA. Mentre le competenze indicano le capacità di mobilitare risorse per affrontare compiti e problemi complessi in contesti significativi, gli obiettivi di apprendimento definiscono i "mattoni" di base su cui tali competenze si costruiscono. Gli obiettivi di apprendimento devono essere espressi in modo chiaro, misurabile e osservabile, e devono essere coerenti con le attività e le metodologie didattiche previste nell'UDA.

Per definire gli obiettivi specifici di apprendimento, il team di docenti può seguire alcuni criteri:

a) Coerenza con le competenze: gli obiettivi di apprendimento devono essere allineati con le competenze chiave e disciplinari individuate per l'UDA. Ogni obiettivo deve contribuire allo sviluppo di una o più competenze, esplicitando le conoscenze, le abilità e gli atteggiamenti che ne costituiscono il fondamento. Ad esempio, per la competenza

"Analizzare dati e informazioni sui cambiamenti climatici provenienti da fonti diverse, valutandone l'attendibilità e la rilevanza", gli obiettivi di apprendimento potrebbero essere: conoscere le fonti di dati sui cambiamenti climatici (es. rapporti IPCC, articoli scientifici, siti web); saper distinguere tra fonti primarie e secondarie; saper valutare l'attendibilità delle fonti in base a criteri di autorevolezza, aggiornamento, trasparenza; saper confrontare dati provenienti da fonti diverse, individuando similitudini e differenze.

b) Formulazione secondo la tassonomia di Bloom: gli obiettivi di apprendimento devono essere formulati utilizzando la tassonomia di Bloom, che classifica gli obiettivi in base a livelli crescenti di complessità cognitiva (conoscenza, comprensione, applicazione, analisi, sintesi, valutazione). Per ogni obiettivo, il team di docenti sceglie il livello tassonomico adeguato e utilizza verbi di azione specifici. Ad esempio, per l'obiettivo "Conoscere le fonti di dati sui cambiamenti climatici", il livello tassonomico è la conoscenza e i verbi adeguati sono "elencare", "riconoscere", "identificare". Per l'obiettivo "Saper valutare l'attendibilità delle fonti", il livello tassonomico è la valutazione e i verbi adeguati sono "giudicare", "criticare", "difendere".

c) Misurabilità e osservabilità: gli obiettivi di apprendimento devono essere misurabili e osservabili, ovvero devono poter essere verificati attraverso prove, compiti o comportamenti specifici. Per ogni obiettivo, il team di docenti indica le evidenze che dimostrano il suo raggiungimento e le modalità di valutazione previste. Ad esempio, per l'obiettivo "Saper confrontare dati provenienti da fonti diverse", le evidenze potrebbero essere una tabella comparativa o una relazione scritta, e le modalità di valutazione potrebbero essere una rubrica o una griglia di osservazione.

d) Fattibilità e sostenibilità: gli obiettivi di apprendimento devono essere fattibili e sostenibili, ovvero devono poter essere raggiunti dagli studenti nel tempo a disposizione e con le risorse previste. Il team di docenti verifica che gli obiettivi siano adeguati al livello di partenza degli studenti, che siano coerenti con le metodologie didattiche scelte e che siano compatibili con i vincoli organizzativi e logistici dell'UDA.

Esempio di obiettivi specifici di apprendimento per l'UDA sui cambiamenti climatici:

- Conoscere le cause naturali e antropiche dei cambiamenti climatici (livello tassonomico: **conoscenza**);

- Comprendere il meccanismo dell'effetto serra e il ruolo dei gas climalteranti (livello tassonomico: **comprensione**);

- Saper analizzare grafici e diagrammi sulle emissioni di CO_2 e sulla temperatura media globale (livello tassonomico: **applicazione**);

- Saper confrontare le politiche di mitigazione e adattamento ai cambiamenti climatici adottate da diversi paesi (livello tassonomico: **analisi**);

- Saper progettare un esperimento per verificare l'effetto serra in laboratorio (livello tassonomico: **sintesi**);

- Saper argomentare la propria posizione sui cambiamenti climatici, portando evidenze a supporto e confutando le tesi opposte (livello tassonomico: **valutazione**).

Gli obiettivi specifici di apprendimento rappresentano la declinazione operativa delle competenze chiave e disciplinari in termini di conoscenze, abilità e atteggiamenti che gli studenti dovranno acquisire attraverso l'UDA. Attraverso la formulazione di obiettivi coerenti, misurabili, osservabili, fattibili e sostenibili, il team di docenti crea un quadro di riferimento chiaro e operativo per la progettazione delle attività didattiche e per la valutazione degli apprendimenti. Gli obiettivi specifici di apprendimento, allineati con la tassonomia di Bloom, permettono di sviluppare negli studenti una progressione di competenze sempre più complesse e trasferibili, che vanno dalla semplice acquisizione di conoscenze alla capacità di analisi, sintesi e valutazione critica.

3.4 Fasi di lavoro e tempistiche.

La definizione delle fasi di lavoro e delle tempistiche è un passaggio cruciale nella strutturazione di un'UDA, in quanto permette di organizzare in modo logico e sequenziale le attività didattiche previste e di assicurare un'adeguata gestione del tempo a disposizione. Le fasi di lavoro rappresentano i momenti principali in cui si articola l'UDA, ciascuno con obiettivi, metodologie e prodotti specifici. Le tempistiche indicano la durata di ciascuna fase e la scansione temporale complessiva dell'UDA, tenendo conto dei vincoli organizzativi e del calendario scolastico.

Per definire le fasi di lavoro e le tempistiche di un'UDA, il team di docenti può seguire alcuni passaggi:

a) **Identificazione delle fasi principali:** il team di docenti identifica le fasi principali in cui si articola l'UDA, in base agli obiettivi di apprendimento, alle metodologie didattiche scelte e ai prodotti da realizzare. Ogni fase deve avere una finalità specifica e deve contribuire in modo progressivo allo sviluppo delle competenze previste. Ad esempio, per l'UDA sui cambiamenti climatici, le fasi principali potrebbero essere: 1) Introduzione e problematizzazione; 2) Ricerca e analisi dei dati; 3) Sperimentazione in laboratorio; 4) Progettazione e realizzazione della campagna di sensibilizzazione; 5) Discussione e valutazione finale.

b) Definizione delle attività per ciascuna fase: per ogni fase, il team di docenti definisce le attività didattiche specifiche che saranno svolte, indicando le metodologie, i materiali e gli strumenti necessari. Le attività devono essere coerenti con gli obiettivi di apprendimento e devono favorire il coinvolgimento attivo degli studenti. Ad esempio, per la fase di ricerca e analisi dei dati, le attività potrebbero essere: lettura di articoli scientifici, visione di documentari, analisi di grafici e diagrammi, confronto tra fonti diverse, produzione di una sintesi scritta.

c) Stima dei tempi: il team di docenti stima i tempi necessari per ciascuna fase e attività, tenendo conto della complessità dei compiti, del livello di partenza degli studenti e delle risorse a disposizione. I tempi devono essere realistici e flessibili, prevedendo momenti di lavoro individuale, di gruppo e collettivo. Ad esempio, per l'UDA sui cambiamenti climatici, la stima dei tempi potrebbe essere: 1) Introduzione e problematizzazione (2 ore); 2) Ricerca e analisi dei dati (6 ore); 3) Sperimentazione in laboratorio (4 ore); 4) Progettazione e realizzazione della campagna di sensibilizzazione (8 ore); 5) Discussione e valutazione finale (2 ore), per un totale di 22 ore.

d) Definizione del calendario: il team di docenti definisce il calendario dell'UDA, collocando le diverse fasi e attività in un arco temporale compatibile con l'orario scolastico e con gli impegni previsti. Il calendario deve tenere conto di eventuali interruzioni (festività, viaggi di istruzione) e deve prevedere momenti di verifica e feedback intermedi. Ad esempio, per l'UDA sui cambiamenti climatici, il calendario potrebbe prevedere due incontri settimanali di 2 ore ciascuno, per un totale di 11 settimane.

e) Condivisione con gli studenti: il team di docenti condivide con gli studenti le fasi di lavoro e le tempistiche previste, in modo da favorire la loro consapevolezza e il loro coinvolgimento nel percorso di apprendimento. La condivisione può avvenire attraverso una presentazione iniziale, un documento scritto o una bacheca online, e può essere aggiornata in itinere in base alle esigenze emerse.

Esempio di fasi di lavoro e tempistiche per l'UDA sui cambiamenti climatici:

Fase 1: Introduzione e problematizzazione (2 ore)

- Brainstorming iniziale sui cambiamenti climatici;

- Visione di un video introduttivo sul tema;

- Discussione guidata sulle pre-conoscenze e le domande degli studenti.

Fase 2: Ricerca e analisi dei dati (6 ore)

- Lettura di articoli scientifici sui cambiamenti climatici;

- Visione di documentari sulle cause e le conseguenze del riscaldamento globale;

- Analisi di grafici e diagrammi sulle emissioni di CO_2 e sulla temperatura media globale;

- Confronto tra fonti diverse e produzione di una sintesi scritta.

Fase 3: Sperimentazione in laboratorio (4 ore)

- Progettazione di un esperimento sull'effetto serra;

- Realizzazione dell'esperimento in laboratorio;

- Raccolta e analisi dei dati sperimentali;

- Stesura di una relazione di laboratorio.

Fase 4: Progettazione e realizzazione della campagna di sensibilizzazione (8 ore)

- Definizione degli obiettivi e dei destinatari della campagna;

- Scelta dei messaggi chiave e degli strumenti di comunicazione;

- Suddivisione dei ruoli e dei compiti all'interno del gruppo;

- Realizzazione dei prodotti della campagna (video, poster, volantini, eventi).

Fase 5: Discussione e valutazione finale (2 ore)

- Presentazione dei prodotti della campagna alla classe;

- Discussione e valutazione dei risultati raggiunti;

- Riflessione metacognitiva sul percorso di apprendimento e sulle competenze sviluppate.

Calendario:

- Settimana 1: **Fase 1 (2 ore)**

- Settimane 2-4: **Fase 2 (6 ore)**

- Settimane 5-6: **Fase 3 (4 ore)**

- Settimane 7-10: **Fase 4 (8 ore)**

- Settimana 11: **Fase 5 (2 ore)**

La definizione delle fasi di lavoro e delle tempistiche è un passaggio chiave nella strutturazione di un'UDA, che permette di organizzare in modo logico e sequenziale le attività didattiche previste e di assicurare un'adeguata gestione del tempo a disposizione. Attraverso l'identificazione delle fasi principali, la definizione delle attività specifiche, la stima dei tempi, la definizione del calendario e la condivisione con gli studenti, il team di docenti crea un quadro di riferimento chiaro e condiviso per lo svolgimento dell'UDA. Le fasi di lavoro e le tempistiche, così definite, favoriscono la progressione degli apprendimenti, il monitoraggio dei processi e la realizzazione di prodotti significativi, in un'ottica di didattica per competenze.

3.5 Risorse e materiali necessari.

L'individuazione delle risorse e dei materiali necessari è un aspetto importante nella progettazione di un'UDA, in quanto permette di definire gli strumenti, i supporti e gli spazi che saranno utilizzati per lo svolgimento delle attività didattiche. Le risorse e i materiali devono essere adeguati agli obiettivi di apprendimento, alle metodologie scelte e alle caratteristiche degli studenti, e devono essere disponibili e accessibili nei tempi previsti. Una buona progettazione delle risorse e dei materiali favorisce l'efficacia e la fluidità dell'azione didattica, e permette di creare un ambiente di apprendimento stimolante e innovativo.

Per individuare le risorse e i materiali necessari per un'UDA, il team di docenti può seguire alcuni criteri:

a) **Analisi delle attività didattiche:** il team di docenti analizza le attività didattiche previste per ciascuna fase dell'UDA, individuando le risorse e i materiali necessari per il loro svolgimento. Ad esempio, per una attività di ricerca sul web, saranno necessari computer con accesso a Internet e una lista di siti attendibili; per una attività di sperimentazione in laboratorio, saranno necessari strumenti e reagenti specifici; per una attività di produzione di un video, saranno necessarie videocamere, microfoni e software di editing.

b) Selezione di materiali autentici e aggiornati: il team di docenti seleziona materiali autentici e aggiornati, provenienti da fonti autorevoli e affidabili, che presentino informazioni accurate e rilevanti sul tema dell'UDA. I materiali possono includere articoli scientifici, rapporti di ricerca, documenti istituzionali, siti web specializzati, video documentari, interviste a esperti. La selezione dei materiali deve tenere conto del livello di complessità linguistica e concettuale, in modo da essere accessibili e comprensibili per gli studenti.

c) Utilizzo di tecnologie didattiche: il team di docenti prevede l'utilizzo di tecnologie didattiche, come computer, tablet, LIM, software specifici, piattaforme online, che possano supportare e arricchire le attività di apprendimento. Le tecnologie didattiche permettono di accedere a una grande varietà di risorse multimediali, di favorire l'interattività e la collaborazione tra studenti, di personalizzare i percorsi di apprendimento. L'utilizzo delle tecnologie deve essere funzionale agli obiettivi dell'UDA e deve essere accompagnato da un'adeguata formazione degli studenti e dei docenti.

d) Predisposizione di spazi flessibili: il team di docenti predispone spazi flessibili e modulabili, che possano adattarsi alle diverse esigenze delle attività didattiche. Gli spazi possono includere l'aula tradizionale, il laboratorio, la biblioteca, l'aula magna, gli spazi esterni alla scuola. La predisposizione degli spazi deve tenere conto delle esigenze di movimento, di interazione e di concentrazione degli studenti, e deve favorire la creazione di un clima di apprendimento positivo e stimolante.

e) Coinvolgimento di esperti e testimoni: il team di docenti prevede il coinvolgimento di esperti e testimoni, che possano portare il loro contributo di conoscenze ed esperienze sull'argomento dell'UDA. Gli esperti possono essere ricercatori, professionisti, rappresentanti di istituzioni o associazioni, che intervengono in presenza o a distanza, attraverso conferenze, interviste, webinar. Il coinvolgimento degli esperti permette di creare un ponte tra l'apprendimento scolastico e il mondo reale, e di motivare gli studenti attraverso l'incontro con modelli positivi e ispiranti.

Esempio di risorse e materiali necessari per l'UDA sui cambiamenti climatici:

Materiali:

- Articoli scientifici sui cambiamenti climatici tratti da riviste specializzate (es. Nature, Science, PNAS);

- Rapporti di ricerca sui cambiamenti climatici prodotti da istituzioni internazionali (es. IPCC, ONU, UE);

- Video documentari sulle cause e le conseguenze dei cambiamenti climatici (es. "Una scomoda verità", "Il nostro pianeta");

- Siti web specializzati sui cambiamenti climatici (es. NASA Climate Change, NOAA Climate.gov);

- Interviste a esperti di cambiamenti climatici (es. climatologi, meteorologi, economisti ambientali);

- Materiali per l'esperimento sull'effetto serra (es. termometri, lampade, scatole trasparenti, CO_2).

Tecnologie:

- Computer con accesso a Internet per le attività di ricerca e produzione;

- LIM per la presentazione di materiali multimediali e per le attività interattive;

- Software per l'analisi dei dati e la creazione di grafici (es. Excel, GeoGebra);

- Videocamere e microfoni per la produzione di video e podcast;

- Piattaforma online per la condivisione di materiali e la collaborazione a distanza (es. Google Classroom, Edmodo).

Spazi:

- Aula tradizionale per le attività di discussione e riflessione collettiva;

- Laboratorio di scienze per l'attività di sperimentazione sull'effetto serra;

- Aula magna per gli incontri con gli esperti e le presentazioni finali;

- Spazi esterni alla scuola per le attività di sensibilizzazione e coinvolgimento della comunità.

Esperti:

- Climatologo dell'Università locale per una conferenza sulle cause dei cambiamenti climatici;

- Rappresentante dell'agenzia regionale per l'ambiente per un'intervista sulle politiche di mitigazione e adattamento;

- Attivista di un'associazione ambientalista per un webinar sulle azioni individuali per la sostenibilità.

L'individuazione delle risorse e dei materiali necessari è un aspetto cruciale nella progettazione di un'UDA, che permette di definire gli strumenti, i supporti e gli spazi che saranno utilizzati per lo svolgimento delle attività didattiche. Attraverso l'analisi delle attività, la selezione di materiali autentici e aggiornati, l'utilizzo di tecnologie didattiche, la predisposizione di spazi flessibili e il coinvolgimento di esperti e testimoni, il team di docenti crea un ambiente di apprendimento ricco, stimolante e innovativo. Le risorse e i materiali, così selezionati, favoriscono l'engagement degli studenti, l'accesso a informazioni rilevanti e l'apertura al mondo reale, in un'ottica di didattica per competenze.

3.6 Criteri e strumenti di valutazione.

La definizione dei criteri e degli strumenti di valutazione è un passaggio fondamentale nella progettazione di un'UDA, in quanto permette di esplicitare le modalità e i parametri con cui saranno valutati i processi e i prodotti dell'apprendimento degli studenti. I criteri di valutazione rappresentano le dimensioni e gli aspetti che saranno presi in considerazione per esprimere un giudizio sulla qualità e il livello delle competenze acquisite dagli studenti. Gli strumenti di valutazione rappresentano i dispositivi operativi che saranno utilizzati per raccogliere dati e informazioni sulle prestazioni degli studenti, in modo sistematico e attendibile. Una buona progettazione dei criteri e degli strumenti di valutazione favorisce la trasparenza e l'equità del processo valutativo, e permette di valorizzare i progressi e le potenzialità di ciascuno studente.

Per definire i criteri e gli strumenti di valutazione di un'UDA, il team di docenti può seguire alcuni principi:

a) Coerenza con gli obiettivi di apprendimento: i criteri di valutazione devono essere coerenti con gli obiettivi di apprendimento dell'UDA, e devono esplicitare le conoscenze, le abilità e le competenze che ci si aspetta che gli studenti abbiano acquisito al termine del percorso. I criteri devono essere espressi in modo chiaro e specifico, utilizzando descrittori che evidenzino i livelli di padronanza attesi (es. iniziale, base, intermedio, avanzato). Ad esempio, per l'obiettivo "Saper argomentare la propria posizione sui cambiamenti climatici", i criteri di valutazione potrebbero essere: qualità e pertinenza delle informazioni utilizzate; coerenza e organizzazione del discorso; efficacia comunicativa e capacità di persuasione.

b) Varietà e molteplicità degli strumenti: gli strumenti di valutazione devono essere vari e molteplici, in modo da permettere di raccogliere informazioni su diverse dimensioni dell'apprendimento e di adattarsi alle caratteristiche e alle preferenze degli studenti. Gli strumenti possono includere prove scritte (es. saggi, relazioni, test), prove orali (es. colloqui, presentazioni, debate), prove pratiche (es. esperimenti, simulazioni, project work), osservazioni sistematiche (es. griglie, diari di bordo), autovalutazioni e valutazioni tra pari. La scelta degli strumenti deve tenere conto della natura delle competenze da valutare, delle caratteristiche degli studenti e delle condizioni di realizzo.

c) **Valutazione autentica e situata:** i criteri e gli strumenti di valutazione devono privilegiare una valutazione autentica e situata, ovvero basata su compiti e problemi complessi, simili a quelli che gli studenti potrebbero incontrare nella vita reale, e contestualizzati rispetto alle loro esperienze e ai loro interessi. La valutazione autentica permette di verificare non solo il possesso di conoscenze e abilità, ma anche la capacità di utilizzarle in modo autonomo e creativo per affrontare situazioni nuove e sfidanti. Gli strumenti di valutazione autentica possono includere progetti, casi di studio, simulazioni, dibattiti, prodotti multimediali.

d) **Utilizzo di rubriche valutative:** i criteri di valutazione devono essere declinati in rubriche valutative, ovvero in griglie che esplicitano i livelli di padronanza attesi per ciascun criterio, con descrittori chiari e graduati. Le rubriche permettono di rendere trasparenti i criteri di valutazione, di guidare il processo di apprendimento degli studenti, di fornire feedback formativi, di promuovere l'autovalutazione e la valutazione tra pari. Le rubriche possono essere elaborate dal team di docenti, ma possono anche essere co-costruite con gli studenti, in modo da favorire la loro consapevolezza e il loro coinvolgimento nel processo valutativo.

e) Valorizzazione della dimensione formativa: i criteri e gli strumenti di valutazione devono valorizzare la dimensione formativa della valutazione, ovvero la sua funzione di supporto e regolazione dell'apprendimento. La valutazione formativa accompagna tutto il percorso dell'UDA, attraverso momenti di feedback, riflessione e revisione, e permette di individuare i punti di forza e di debolezza degli studenti, di calibrare le attività didattiche, di promuovere l'autovalutazione e l'autoregolazione. Gli strumenti di valutazione formativa possono includere questionari, esercizi, bozze, revisioni tra pari, colloqui informali.

Esempio di criteri e strumenti di valutazione per l'UDA sui cambiamenti climatici:

Criteri di valutazione:

- Conoscenza dei concetti chiave sui cambiamenti climatici (cause, conseguenze, mitigazione, adattamento);

- Capacità di analizzare e interpretare dati e informazioni sui cambiamenti climatici;

- Capacità di argomentare la propria posizione sui cambiamenti climatici, con coerenza e efficacia comunicativa;

- Capacità di progettare e realizzare una campagna di sensibilizzazione sui cambiamenti climatici, con creatività e impatto comunicativo;

- Capacità di collaborare in gruppo, con responsabilità e spirito di iniziativa.

Strumenti di valutazione:

- Test a risposta multipla e a risposta aperta sui concetti chiave dei cambiamenti climatici;

- Relazione scritta sull'analisi di un case study sui cambiamenti climatici, con rubrica valutativa;

- Presentazione orale della propria posizione sui cambiamenti climatici, con rubrica valutativa;

- Project work sulla progettazione e realizzazione della campagna di sensibilizzazione, con rubrica valutativa;

- Osservazioni sistematiche sulla collaborazione in gruppo, con griglia di osservazione;

- Autovalutazione e valutazione tra pari sul contributo individuale al lavoro di gruppo, con questionario;

- Revisioni tra pari delle bozze dei prodotti della campagna di sensibilizzazione, con scheda di feedback;

- Colloqui informali con gli studenti per monitorare il processo di apprendimento e fornire feedback formativi.

La definizione dei criteri e degli strumenti di valutazione è un passaggio cruciale nella progettazione di un'UDA, che permette di esplicitare le modalità e i parametri con cui saranno valutati i processi e i prodotti dell'apprendimento degli studenti. Attraverso la definizione di criteri coerenti con gli obiettivi, la scelta di strumenti vari e autentici, l'utilizzo di rubriche valutative e la valorizzazione della dimensione formativa, il team di docenti crea le condizioni per una valutazione trasparente, equa e orientata alla promozione delle competenze. I criteri e gli strumenti di valutazione, così definiti, favoriscono la consapevolezza degli studenti, l'allineamento tra insegnamento e valutazione, e la documentazione dei progressi e delle potenzialità di ciascuno, in un'ottica di assessment for learning.

Parte III

Esempi di UDA per diverse discipline

1. UDA per l'area linguistico-espressiva

L'area linguistico-espressiva comprende discipline come l'italiano, le lingue straniere, la musica e l'arte, che hanno come obiettivo comune lo sviluppo delle competenze comunicative e creative degli studenti. Le UDA per l'area linguistico-espressiva mirano a promuovere la capacità di comprendere, interpretare, produrre e apprezzare testi e messaggi di varia natura, utilizzando diversi linguaggi e codici espressivi. Inoltre, le UDA per quest'area favoriscono lo sviluppo del pensiero critico, dell'immaginazione e della sensibilità estetica degli studenti, attraverso l'incontro con opere letterarie, artistiche e musicali di diverse epoche e culture.

Esempio di UDA per l'area linguistico-espressiva:

Titolo: **"Il romanzo storico: un ponte tra passato e presente"**

Disciplina: **Italiano**

Destinatari: **Studenti del triennio della scuola secondaria di secondo grado**

Obiettivi di apprendimento:

- Conoscere le caratteristiche del romanzo storico come genere letterario;

- Analizzare e interpretare brani tratti da romanzi storici, individuandone temi, personaggi e tecniche narrative;

- Contestualizzare i romanzi storici nel loro periodo storico e culturale di riferimento;

- Produrre un racconto storico ambientato in un'epoca a scelta, utilizzando le convenzioni del genere;

- Riflettere sul rapporto tra storia e finzione nel romanzo storico e nella narrativa contemporanea.

Competenze:

- Competenza alfabetica funzionale: capacità di individuare, comprendere, esprimere, creare e interpretare concetti, sentimenti, fatti e opinioni, in forma sia orale sia scritta, utilizzando materiali visivi, sonori e digitali;

- Competenza in materia di consapevolezza ed espressione culturali: capacità di comprendere e rispettare come le idee e i significati vengono espressi creativamente e comunicati in diverse culture e tramite una serie di arti e altre forme culturali.

Fasi di lavoro:

1. Introduzione al romanzo storico (2 ore)

- Presentazione delle caratteristiche del romanzo storico come genere letterario;

- Brainstorming sulle conoscenze pregresse degli studenti sui romanzi storici;

- Lettura e analisi di brani tratti da romanzi storici famosi (es. "I promessi sposi", "Il Gattopardo").

2. Contestualizzazione storica (4 ore)

- Ricerca in gruppi sui periodi storici in cui sono ambientati i romanzi analizzati;

- Presentazione dei risultati della ricerca alla classe;

- Discussione sul rapporto tra storia e finzione nei romanzi storici.

3. Produzione di un racconto storico (6 ore)

- Scelta individuale di un periodo storico in cui ambientare il proprio racconto;

- Pianificazione della trama, dei personaggi e dell'ambientazione del racconto;

- Stesura del racconto, con revisioni tra pari e feedback del docente;

- Presentazione del racconto alla classe e discussione.

4. Riflessione sul romanzo storico contemporaneo (2 ore)

- Lettura e analisi di brani tratti da romanzi storici contemporanei (es. "Q" di Luther Blissett, "L'armata dei sonnambuli" di Wu Ming);

- Discussione sulle differenze e le similitudini tra romanzi storici classici e contemporanei;

- Riflessione sul ruolo del romanzo storico nella cultura e nella società attuale.

Valutazione:

- Analisi scritta di un brano di romanzo storico, con rubrica valutativa;

- Racconto storico individuale, con rubrica valutativa;

- Presentazione orale del racconto storico, con rubrica valutativa;

- Partecipazione alle discussioni e alle attività di gruppo, con griglia di osservazione.

In questo esempio di UDA per l'area linguistico-espressiva, gli studenti hanno l'opportunità di sviluppare competenze comunicative e culturali attraverso l'incontro con il genere del romanzo storico. L'UDA prevede una fase di introduzione e contestualizzazione, in cui gli studenti acquisiscono le conoscenze di base sul genere letterario e sul contesto storico in cui sono ambientati i romanzi. Segue una fase di produzione, in cui gli studenti si cimentano nella scrittura di un racconto storico, mettendo in pratica le convenzioni del genere e sviluppando la propria creatività. Infine, l'UDA si conclude con una fase di riflessione sul romanzo storico contemporaneo, in cui gli studenti sono invitati a riflettere sul ruolo e sulle trasformazioni del genere nella cultura attuale.

L'UDA utilizza una varietà di metodologie didattiche, tra cui la lezione frontale, il brainstorming, il lavoro di gruppo, la ricerca, la scrittura creativa e la discussione. La valutazione degli apprendimenti avviene attraverso diverse prove, sia scritte che orali, che mirano a verificare l'acquisizione delle conoscenze, la capacità di analisi e interpretazione dei testi, la competenza nella produzione scritta e l'efficacia nella comunicazione orale. Inoltre, la partecipazione degli studenti alle attività di gruppo e alle discussioni è valutata attraverso una griglia di osservazione, che tiene conto di aspetti come l'impegno, la collaborazione e il contributo personale.

Questo esempio di UDA per l'area linguistico-espressiva mostra come sia possibile progettare percorsi didattici interdisciplinari e orientati allo sviluppo di competenze, a partire da un genere letterario come il romanzo storico. L'UDA favorisce l'integrazione tra la dimensione linguistica, quella storico-culturale e quella creativa, e permette agli studenti di sviluppare una comprensione più profonda e consapevole del rapporto tra letteratura, storia e società. Inoltre, attraverso la produzione di un racconto storico, gli studenti hanno l'opportunità di mettere in gioco le proprie capacità espressive e immaginative, e di sperimentare in prima persona le sfide e le potenzialità della scrittura creativa.

2. UDA per l'area matematico-scientifica

L'area matematico-scientifica comprende discipline come la matematica, la fisica, la chimica e le scienze naturali, che hanno come obiettivo comune lo sviluppo del pensiero logico, del ragionamento scientifico e della capacità di analizzare e interpretare i fenomeni naturali. Le UDA per l'area matematico-scientifica mirano a promuovere l'acquisizione di conoscenze e competenze relative ai concetti, ai metodi e agli strumenti delle discipline scientifiche, favorendo al contempo lo sviluppo di atteggiamenti di curiosità, rigore e pensiero critico. Inoltre, le UDA per quest'area possono favorire l'integrazione tra le diverse discipline scientifiche e la loro applicazione a problemi e contesti reali, sviluppando competenze trasversali come la capacità di problem solving, di lavoro in gruppo e di comunicazione scientifica.

Esempio di UDA per l'area matematico-scientifica:

Titolo: "L'energia sostenibile: una sfida per il futuro"

Discipline coinvolte: **Fisica, Scienze, Tecnologia**

Destinatari: **Studenti del secondo biennio della scuola secondaria di secondo grado**

Obiettivi di apprendimento:

- Conoscere le diverse fonti di energia rinnovabile e non rinnovabile e il loro impatto ambientale;

- Analizzare i principi fisici alla base delle diverse tecnologie di produzione di energia (es. fotovoltaico, eolico, idroelettrico);

- Progettare e realizzare un modello di impianto di produzione di energia rinnovabile, applicando i principi della fisica e della tecnologia;

- Valutare i costi e i benefici delle diverse fonti di energia, considerando aspetti economici, ambientali e sociali;

- Argomentare la propria posizione sul tema dell'energia sostenibile, utilizzando dati e evidenze scientifiche.

Competenze:

- Competenza matematica e competenza in scienze, tecnologie e ingegneria: capacità di sviluppare e applicare il pensiero e la comprensione matematici per risolvere una serie di problemi in situazioni quotidiane; capacità di usare modelli matematici di pensiero e di presentazione; capacità di spiegare il mondo che ci circonda usando l'insieme delle conoscenze e delle metodologie, comprese l'osservazione e la sperimentazione, per identificare le problematiche e trarre conclusioni che siano basate su fatti empirici;

- Competenza personale, sociale e capacità di imparare a imparare: capacità di riflettere su sé stessi, di gestire efficacemente il tempo e le informazioni, di lavorare con gli altri in maniera costruttiva, di mantenersi resilienti e di gestire il proprio apprendimento e la propria carriera.

Fasi di lavoro:

1. Introduzione all'energia sostenibile (4 ore)

- Presentazione delle diverse fonti di energia rinnovabile e non rinnovabile;

- Analisi dei principi fisici alla base delle diverse tecnologie di produzione di energia;

- Discussione sull'impatto ambientale delle diverse fonti di energia.

2. Progettazione di un impianto di energia rinnovabile (8 ore)

- Suddivisione della classe in gruppi e assegnazione di una fonte di energia rinnovabile a ciascun gruppo;

- Ricerca e analisi delle caratteristiche tecniche e dei principi fisici dell'impianto assegnato;

- Progettazione del modello di impianto, con calcoli e disegni tecnici;

- Realizzazione del modello con materiali di recupero o kit didattici;

- Presentazione del modello alla classe e discussione.

3. Valutazione delle fonti di energia (4 ore)

- Ricerca in gruppi sui costi e i benefici delle diverse fonti di energia, considerando aspetti economici, ambientali e sociali;

- Presentazione dei risultati della ricerca alla classe;

- Discussione sui criteri di scelta delle fonti di energia e sulle politiche energetiche.

4. Dibattito sull'energia sostenibile (2 ore)

- Preparazione individuale di argomenti a favore o contro l'uso di fonti di energia rinnovabile

- Dibattito in classe sul tema dell'energia sostenibile, con presentazione delle diverse posizioni e delle evidenze a supporto;

- Riflessione sulle implicazioni etiche e sociali delle scelte energetiche.

Valutazione:

- Relazione tecnica sul modello di impianto di energia rinnovabile, con rubrica valutativa;

- Presentazione orale del modello, con rubrica valutativa;

- Ricerca di gruppo sui costi e benefici delle fonti di energia, con rubrica valutativa;

- Partecipazione al dibattito sull'energia sostenibile, con griglia di osservazione;

- Riflessione scritta individuale sul proprio apprendimento e sul lavoro di gruppo, con questionario di autovalutazione.

In questo esempio di UDA per l'area matematico-scientifica, gli studenti hanno l'opportunità di sviluppare competenze scientifiche e tecnologiche attraverso l'esplorazione del tema dell'energia sostenibile. L'UDA prevede una fase di introduzione, in cui gli studenti acquisiscono le conoscenze di base sulle diverse fonti di energia e sui principi fisici che le governano. Segue una fase di progettazione, in cui gli studenti, lavorando in gruppi, progettano e realizzano un modello di impianto di energia rinnovabile, applicando le loro conoscenze di fisica e tecnologia. La fase successiva prevede una valutazione delle diverse fonti di energia, considerando aspetti economici, ambientali e sociali, e una discussione sui criteri di scelta delle politiche energetiche. Infine, l'UDA si conclude con un dibattito sul tema dell'energia sostenibile, in cui gli studenti sono invitati a argomentare la propria posizione utilizzando dati ed evidenze scientifiche.

L'UDA utilizza una varietà di metodologie didattiche, tra cui la lezione frontale, la ricerca, il lavoro di gruppo, la progettazione e realizzazione di modelli, il dibattito e la discussione. La valutazione degli apprendimenti avviene attraverso diverse prove, sia individuali che di gruppo, che mirano a verificare l'acquisizione delle conoscenze, la capacità di applicazione dei principi scientifici, la competenza nella progettazione e realizzazione di modelli, l'efficacia nella comunicazione scientifica e la capacità di argomentazione. Inoltre, la partecipazione degli studenti alle attività di gruppo e al dibattito è valutata attraverso una griglia di osservazione, che tiene conto di aspetti come l'impegno, la collaborazione e il contributo personale. Infine, gli studenti sono invitati a riflettere sul proprio apprendimento e sul lavoro di gruppo attraverso un questionario di autovalutazione.

Questo esempio di UDA per l'area matematico-scientifica mostra come sia possibile progettare percorsi didattici interdisciplinari e orientati allo sviluppo di competenze, a partire da un tema di attualità come l'energia sostenibile. L'UDA favorisce l'integrazione tra le diverse discipline scientifiche e la loro applicazione a problemi concreti, e permette agli studenti di sviluppare competenze trasversali come la capacità di problem solving, di lavoro in gruppo e di comunicazione scientifica. Inoltre, attraverso il dibattito finale, gli studenti hanno l'opportunità di riflettere sulle implicazioni etiche e sociali delle scelte energetiche e di sviluppare il proprio pensiero critico e la propria capacità di argomentazione.

3. UDA per l'area storico-sociale

L'area storico-sociale comprende discipline come la storia, la geografia, la filosofia, le scienze umane e l'educazione civica, che hanno come obiettivo comune lo sviluppo della comprensione del mondo sociale, delle sue dinamiche e delle sue trasformazioni nel tempo e nello spazio. Le UDA per l'area storico-sociale mirano a promuovere l'acquisizione di conoscenze e competenze relative ai fatti, ai processi e ai fenomeni sociali, culturali e politici, favorendo al contempo lo sviluppo di atteggiamenti di curiosità, apertura mentale, rispetto per la diversità e impegno civico. Inoltre, le UDA per quest'area possono favorire l'integrazione tra le diverse discipline storico-sociali e la loro applicazione all'analisi di problemi e contesti reali, sviluppando competenze trasversali come la capacità di ricerca, di analisi critica delle fonti, di argomentazione e di partecipazione consapevole alla vita democratica.

Esempio di UDA per l'area storico-sociale:

Titolo: **"Migrazioni ieri e oggi: un percorso tra storia e attualità"**

Discipline coinvolte: **Storia, Geografia, Scienze umane, Educazione civica**

Destinatari: **Studenti del quinto anno della scuola secondaria di secondo grado**

Obiettivi di apprendimento:

- Conoscere le principali migrazioni nella storia, dall'antichità all'età contemporanea, e le loro cause e conseguenze sociali, economiche e culturali;

- Analizzare le migrazioni contemporanee, individuandone le caratteristiche, le rotte e i paesi di origine e destinazione;

- Comprendere le politiche migratorie dei diversi paesi e il loro impatto sui diritti umani e sull'integrazione dei migranti;

- Realizzare una ricerca sulle storie di vita dei migranti, attraverso interviste e analisi di fonti orali e scritte;

- Sviluppare empatia e rispetto per la diversità culturale e per i diritti dei migranti, e riflettere sul proprio ruolo di cittadini in una società multiculturale.

Competenze:

- **Competenza in materia di cittadinanza:** capacità di agire da cittadini responsabili e di partecipare pienamente alla vita civica e sociale, in base alla comprensione delle strutture e dei concetti sociali, economici, giuridici e politici oltre che dell'evoluzione a livello globale e della sostenibilità.

- **Competenza in materia di consapevolezza ed espressione culturali:** comprensione e rispetto di come le idee e i significati vengono espressi creativamente e comunicati in diverse culture e tramite una serie di arti e altre forme culturali; capacità di capire, sviluppare ed esprimere le proprie idee e il senso della propria funzione o del proprio ruolo nella società in una serie di modi e contesti.

Fasi di lavoro:

1. Le migrazioni nella storia (6 ore)

- Presentazione delle principali migrazioni nella storia, dall'antichità all'età contemporanea;

- Analisi delle cause e delle conseguenze sociali, economiche e culturali delle migrazioni storiche;

- Lavoro di gruppo sulla ricerca e presentazione di un caso di migrazione storica (es. le migrazioni dei popoli germanici, le migrazioni transoceaniche, le migrazioni interne in Italia nel '900).

2. Le migrazioni contemporanee (6 ore)

- Presentazione dei dati e delle caratteristiche delle migrazioni contemporanee a livello globale;

- Analisi delle rotte migratorie e dei paesi di origine e destinazione dei migranti;

- Discussione sulle cause delle migrazioni contemporanee (es. guerre, persecuzioni, cambiamenti climatici, povertà) e sul loro impatto sui paesi di origine e destinazione.

3. Le politiche migratorie e i diritti umani (4 ore)

- Ricerca in gruppi sulle politiche migratorie dei diversi paesi (es. USA, UE, Australia) e sul loro impatto sui diritti umani e sull'integrazione dei migranti;

- Presentazione dei risultati della ricerca alla classe;

- Discussione sui diritti dei migranti e sulle sfide dell'integrazione nelle società multiculturali.

4. Storie di vita dei migranti (8 ore)

- Introduzione alle fonti orali e alle tecniche di intervista;

- Realizzazione di interviste a migranti o discendenti di migranti, in famiglia o nella comunità locale;

- Analisi delle storie di vita raccolte, individuando temi comuni e differenze;

- Creazione di un prodotto finale (es. video, podcast, mostra fotografica) per presentare le storie di vita dei migranti e sensibilizzare la comunità scolastica sul tema delle migrazioni.

5. Riflessione e valutazione (2 ore)

- Discussione in classe sull'esperienza di ricerca e sulle lezioni apprese sul tema delle migrazioni;

- Riflessione scritta individuale sul proprio ruolo di cittadini in una società multiculturale e sulle azioni che si possono intraprendere per promuovere l'integrazione e il rispetto dei diritti dei migranti.

Valutazione:

- Presentazione di gruppo su un caso di migrazione storica, con rubrica valutativa;

- Ricerca di gruppo sulle politiche migratorie, con rubrica valutativa;

- Realizzazione di interviste a migranti e creazione di un prodotto finale, con rubrica valutativa;

- Riflessione scritta individuale sul proprio ruolo di cittadini, con griglia di valutazione;

- Partecipazione alle discussioni in classe, con griglia di osservazione.

In questo esempio di UDA per l'area storico-sociale, gli studenti hanno l'opportunità di sviluppare competenze di cittadinanza e di consapevolezza culturale attraverso l'esplorazione del tema delle migrazioni. L'UDA prevede una fase iniziale di conoscenza delle migrazioni nella storia e di analisi delle loro cause e conseguenze, seguita da una fase di approfondimento sulle migrazioni contemporanee e sulle politiche migratorie dei diversi paesi. La fase centrale dell'UDA prevede la realizzazione di una ricerca sulle storie di vita dei migranti, attraverso interviste e analisi di fonti orali e scritte, e la creazione di un prodotto finale per sensibilizzare la comunità scolastica sul tema. Infine, l'UDA si conclude con una riflessione sul proprio ruolo di cittadini in una società multiculturale e sulle azioni che si possono intraprendere per promuovere l'integrazione e il rispetto dei diritti dei migranti.

L'UDA utilizza una varietà di metodologie didattiche, tra cui la lezione frontale, il lavoro di gruppo, la ricerca, l'intervista, la creazione di prodotti multimediali e la discussione. La valutazione degli apprendimenti avviene attraverso diverse prove, sia individuali che di gruppo, che mirano a verificare l'acquisizione delle conoscenze, la capacità di analisi critica delle fonti, la competenza nella realizzazione di interviste e prodotti multimediali, e la capacità di riflessione sul proprio ruolo di cittadini. Inoltre, la partecipazione degli studenti alle discussioni in classe è valutata attraverso una griglia di osservazione, che tiene conto di aspetti come l'impegno, il rispetto delle opinioni altrui e il contributo al dialogo.

Questo esempio di UDA per l'area storico-sociale mostra come sia possibile progettare percorsi didattici interdisciplinari e orientati allo sviluppo di competenze di cittadinanza, a partire da un tema di grande attualità come le migrazioni. L'UDA favorisce l'integrazione tra le diverse discipline storico-sociali e la loro applicazione all'analisi di problemi concreti, e permette agli studenti di sviluppare competenze trasversali come la capacità di ricerca, di analisi critica delle fonti e di comunicazione. Inoltre, attraverso la realizzazione di interviste e la creazione di un prodotto finale, gli studenti hanno l'opportunità di entrare in contatto diretto con le storie di vita dei migranti e di sviluppare empatia e rispetto per la diversità culturale. Infine, la riflessione finale sul proprio ruolo di cittadini favorisce lo sviluppo di una coscienza civica e di un impegno attivo nella costruzione di una società più inclusiva e solidale.

4. UDA per l'area artistico-espressiva

L'area artistico-espressiva comprende discipline come l'arte, la musica, la danza e il teatro, che hanno come obiettivo comune lo sviluppo della creatività, dell'espressione personale e della sensibilità estetica degli studenti. Le UDA per l'area artistico-espressiva mirano a promuovere l'acquisizione di conoscenze e competenze relative ai linguaggi, alle tecniche e alle forme espressive delle diverse arti, favorendo al contempo lo sviluppo di atteggiamenti di curiosità, immaginazione, originalità e collaborazione. Inoltre, le UDA per quest'area possono favorire l'integrazione tra le diverse discipline artistiche e la loro connessione con altre aree del sapere, sviluppando competenze trasversali come la capacità di comunicazione, di problem solving creativo e di pensiero divergente.

Esempio di UDA per l'area artistico-espressiva:

Titolo: **"Le avanguardie artistiche del '900: un percorso tra arte, musica e teatro"**

Discipline coinvolte: **Arte, Musica, Teatro**

Destinatari: **Studenti del quarto anno della scuola secondaria di secondo grado**

Obiettivi di apprendimento:

- Conoscere le principali avanguardie artistiche del '900 (es. Espressionismo, Futurismo, Dadaismo, Surrealismo) e le loro caratteristiche stilistiche e concettuali;

- Analizzare opere d'arte, brani musicali e testi teatrali delle avanguardie, individuandone i tratti distintivi e le innovazioni formali e tematiche;

- Sperimentare le tecniche e i linguaggi delle avanguardie nella creazione di elaborati artistici, musicali e teatrali originali;

- Collaborare in gruppo per la realizzazione di una performance interdisciplinare ispirata alle avanguardie;

- Riflettere sull'impatto delle avanguardie nella cultura e nella società del '900 e sulle loro influenze nell'arte contemporanea.

Competenze:

- **Competenza in materia di consapevolezza ed espressione culturali:** conoscenza delle culture e delle espressioni locali, nazionali, regionali, europee e mondiali, comprese le loro lingue, il loro patrimonio espressivo e le loro tradizioni, e dei prodotti culturali, oltre alla comprensione di come tali espressioni possono influenzarsi a vicenda e avere effetti sulle idee dei singoli individui.

- **Competenza personale, sociale e capacità di imparare a imparare:** capacità di riflettere su sé stessi, di gestire efficacemente il tempo e le informazioni, di lavorare con gli altri in maniera costruttiva, di mantenersi resilienti e di gestire il proprio apprendimento e la propria carriera.

Fasi di lavoro:

1. Introduzione alle avanguardie artistiche del '900 (6 ore)

- Presentazione delle principali avanguardie artistiche del '900 e del loro contesto storico-culturale;

- Analisi di opere d'arte, brani musicali e testi teatrali rappresentativi delle diverse avanguardie;

- Discussione sulle innovazioni formali e tematiche introdotte dalle avanguardie e sul loro impatto nella cultura del '900.

2. Sperimentazione artistica (8 ore)

- Introduzione alle tecniche e ai linguaggi delle avanguardie (es. collage, ready-made, improvvisazione, teatro dell'assurdo);

- Sperimentazione individuale delle tecniche e dei linguaggi delle avanguardie nella creazione di elaborati artistici, musicali e teatrali originali;

- Condivisione e discussione degli elaborati in classe.

3. Progettazione e realizzazione di una performance interdisciplinare (10 ore)

- Suddivisione della classe in gruppi e assegnazione di un'avanguardia a ciascun gruppo;

- Progettazione di una performance interdisciplinare ispirata all'avanguardia assegnata, integrando elementi artistici, musicali e teatrali;

- Realizzazione della performance attraverso la creazione di scenografie, costumi, musiche e testi originali;

- Presentazione della performance alla classe e alla comunità scolastica.

4. Riflessione e valutazione (2 ore)

- Discussione in classe sull'esperienza di sperimentazione e di creazione artistica e sulle lezioni apprese sulle avanguardie;

- Riflessione scritta individuale sull'impatto delle avanguardie nella cultura contemporanea e sul proprio processo creativo;

Valutazione:

- Analisi scritta di un'opera d'arte, un brano musicale o un testo teatrale delle avanguardie, con rubrica valutativa;

- Elaborati artistici, musicali e teatrali individuali, con rubrica valutativa;

- Performance interdisciplinare di gruppo, con rubrica valutativa;

- Riflessione scritta individuale sull'impatto delle avanguardie e sul proprio processo creativo, con griglia di valutazione;

- Partecipazione alle discussioni in classe e al lavoro di gruppo, con griglia di osservazione.

In questo esempio di UDA per l'area artistico-espressiva, gli studenti hanno l'opportunità di sviluppare competenze di consapevolezza culturale e di espressione personale attraverso l'esplorazione delle avanguardie artistiche del '900. L'UDA prevede una fase iniziale di conoscenza delle principali avanguardie e di analisi di opere rappresentative, seguita da una fase di sperimentazione individuale delle tecniche e dei linguaggi delle avanguardie nella creazione di elaborati originali. La fase centrale dell'UDA prevede la progettazione e realizzazione di una performance interdisciplinare di gruppo, che integra elementi artistici, musicali e teatrali ispirati a un'avanguardia. Infine, l'UDA si conclude con una riflessione sull'impatto delle avanguardie nella cultura contemporanea e sul proprio processo creativo.

L'UDA utilizza una varietà di metodologie didattiche, tra cui la lezione frontale, l'analisi di opere, la sperimentazione artistica, il lavoro di gruppo, la creazione di una performance e la discussione. La valutazione degli apprendimenti avviene attraverso diverse prove, sia individuali che di gruppo, che mirano a verificare l'acquisizione delle conoscenze, la capacità di analisi di opere d'arte, la competenza nella sperimentazione di tecniche e linguaggi artistici, e la capacità di collaborazione nella realizzazione di una performance interdisciplinare. Inoltre, la partecipazione degli studenti alle discussioni in classe e al lavoro di gruppo è valutata attraverso una griglia di osservazione, che tiene conto di aspetti come l'impegno, la creatività e il contributo al progetto.

Questo esempio di UDA per l'area artistico-espressiva mostra come sia possibile progettare percorsi didattici interdisciplinari e orientati allo sviluppo di competenze di consapevolezza culturale e di espressione personale, a partire da un tema stimolante come le avanguardie artistiche del '900. L'UDA favorisce l'integrazione tra le diverse discipline artistiche e la loro connessione con il contesto storico-culturale, e permette agli studenti di sviluppare competenze trasversali come la capacità di analisi, di sperimentazione creativa e di collaborazione in gruppo. Inoltre, attraverso la realizzazione di una performance interdisciplinare, gli studenti hanno l'opportunità di mettere in pratica le tecniche e i linguaggi delle avanguardie e di comunicare la propria espressione artistica a un pubblico. Infine, la riflessione finale sull'impatto delle avanguardie nella cultura contemporanea favorisce lo sviluppo di una consapevolezza critica del ruolo dell'arte nella società e di una maggiore comprensione del proprio processo creativo.

Nota bene

A dispetto di quanto abbiamo detto circa la durata della lezione simulata, sappiamo che per la prova orale del concorso il tempo a disposizione per la lezione simulata non deve superare la metà del totale del tempo (ossia 45 minuti). Non deve dunque superare i 22,5 minuti. A nostro parare conviene dunque preparare una lezione di circa 20 minuti, suddividendo in maniera razionale i punti della nostra presentazione con un adeguato minutaggio per ciascuno di essi.

Anche per quanto riguarda la scelta dell'argomento della nostra lezione è noto che la traccia estratta da ciascun candidato 24 prima della prova reca in sé l'argomento sulla base del quale dobbiamo strutturare la nostra lezione. Diventano in questo caso fondamentali le scelte metodologico-didattiche per affrontare un argomento piuttosto che un altro. Tuttavia ciò non toglie che la struttura di base della lezione simulata possa essere strutturata, sulla base dell'UDA da sviluppare, prima di estrarre la traccia. In modo da non arrivare il giorno dell'estrazione con tutto il lavoro da fare, ma con un canovaccio generico da cui partire, al quale adattare poi la nostra UDA particolare.

Per quanto riguarda l'impostazione dell'UDA consigliamo di inserire le seguenti informazioni nella presentazione da esporre durante la lezione simulata:

- Se non fosse specificato nella traccia, consigliamo di inserire nel "contesto classe" almeno:

  1 studente con Disturbi Specifici dell'Apprendimento (DSA);

  1 studente BES con Disturbi legati a fattori socio-economici, linguistici, culturali, per il quale è stato predisposto un Piano Didattico Personalizzato (PDP);

  1 studente con Disabilità motorie e/o disabilità cognitive, assistito per 18 ore settimanali da un insegnante di sostegno (L. 104/02, c. 3) e per il quale è stato redatto un Piano Educativo Personalizzato (PEI);

  ed eventualmente 1 studente con DDA (Disturbi aspecifici dell'apprendimento).

- È fortemente consigliato inserire almeno una slide con i Riferimenti normativi nella nostra presentazione.

- Consigliamo anche i riferimenti al PTOF per quanto concerne i Nuclei fondanti della disciplina e i riferimenti alla programmazione di Dipartimento per quanto riguarda i Pre-requisiti e gli obbiettivi disciplinari e le Competenze.

- È bene inserire una parte della nostra UDA, trasversale all'argomento estratto, concernente l'educazione civica.

- Indicate sempre nell'UDA il periodo di svolgimento (es. primo quadrimestre – ottobre), l'argomento che precede quello dell'Unità in questione e quello che lo succederà.

Printed by Amazon Italia Logistica S.r.l.
Torrazza Piemonte (TO), Italy

59844815R00127